CB050943

MIL preguntas y respuestas de Lengua Española

Eugenio Cascón Martín

© Editorial Edinumen
© Eugenio Cascón Martín

Editorial Edinumen
Piamonte, 7
28004 - Madrid
Tfs.: 91 308 51 42 - 91 319 85 37
Fax: 91 319 93 09
e-mail: edinumen@edinumen.es
www.edinumen.es
ISBN: 84-95986-37-X

Depósito Legal: M-50.115-2 003
Diseño y maquetación: Antonio Arias y Susana Fernández
Imprime: Gráficas Glodami. Coslada (Madrid)

índice

INTRODUCCIÓN 7

PREGUNTAS 9

¿Cómo nombran y se nombran los nombres? 11

¿Singular y plural? ¿Singular o plural? 12

¿En masculino o en femenino? 14

¿Cómo y a quién se adjuntan los adjetivos? 16

¿A qué se dedican los adverbios? 18

¿Podríamos prescindir del artículo? 20

¿Por qué son personales ciertos pronombres? 21

¿Muestran o demuestran los demostrativos? 25

¿Hay palabras posesivas? 26

¿Los numerales son cifras o letras? 27

¿Cómo es la indefinición de los indefinidos? 30

¿Por qué es tan complicado el verbo? 32

¿Quién no ha tenido nunca un problema con una preposición? 39

¿Podemos llamar simple a una oración? 49

¿Hay coordinación en la lengua? 52

¿Es propio de una oración ser subordinada? 53

¿Qué relacionan los relativos y qué preguntan los interrogativos? ..55

¿Si no hubiera concordancia?... 58

RESPUESTAS 63

Los nombres pueden nombrarlo todo 65

Lo singular suele pluralizarse 66

Los conflictos de género no los crea la lengua, sino los hablantes 69

Los adjetivos hacen buenas migas con los nombres 71

Los adverbios son serviciales, acompañan a otras palabras 73

El artículo casi no se nota, pero ayuda lo suyo 74

Todos los usamos como algo personal.. 77

Para los demostrativos, demostrar es mostrar 81

Las palabras no poseen, señalan a los que poseen 83

Los numerales son palabras que significan números.. 84

La indefinición es una manera de determinar... 88

El verbo tiene que expresar demasiadas cosas a la vez.................................... 90

Todos, pero hay quien se lleva muy mal con las preposiciones 99

La simplicidad oracional es de forma, no de fondo 110

Hay coordinadores y coordinados 114

Las subordinadas son imprescindibles para las subordinantes 115

Hay mucho que relacionar y que preguntar 118

…la lengua sería un caos 122

introducción

La reflexión sobre la lengua que hablamos es algo que todos sus usuarios necesitamos para conocerla mejor y aumentar nuestra competencia como hablantes. Yo diría que, aun sin darnos cuenta de ello, la hacemos muy a menudo. ¿Quién no se ha parado alguna vez a meditar sobre la mejor manera de decir algo? ¿Quién no ha experimentado un sentimiento de rechazo al oír una expresión que no le parece correcta?

Este librito no tiene otra pretensión que la de ayudar en esa reflexión a cualquiera que hojee sus páginas, sea o no estudiante, sea cual sea su edad o su profesión, tenga el español como lengua materna o esté en proceso de aprender o perfeccionar este idioma.

Su estructuración es la propia de una gramática, ya que es sobre este apartado de los estudios lingüísticos sobre el que versa. Se halla dividido en una serie de capítulos que corresponden a los distintos aspectos de la morfosintaxis, tanto los que se refieren a las categorías gramaticales como los que inciden en los diferentes tipos de enunciados o construcciones.

Dentro de cada capítulo hay un número variable de preguntas, mayor o menor según su complejidad. En total son mil preguntas. ¿Por qué ese número tan redondo? Por nada en especial; tal vez por eso, porque es un número redondo y alguno había que elegir.

Las cuestiones están numeradas y planteadas de diferentes formas:
- Algunas, las menos, corresponden a conocimientos teóricos elementales.
- Reconocimiento de formas y funciones.
- Explicación de fenómenos lingüísticos.
- Establecimiento de diferencias.
- Detección y corrección de errores.
- Elección entre opciones diversas.
- Selección de variantes morfológicas.
- Transformación de la forma de los enunciados.
- Reconocimiento de variantes semánticas en relación con la estructura gramatical, etc.

La segunda parte del libro contiene las respuestas, siguiendo la numeración de las preguntas.

El método de preguntas y respuestas es tan antiguo como la enseñanza. Estaba ya en la mayéutica de Sócrates; fue la base de los catecismos de siempre; está en los apartados de ejercicios de cualquier libro de texto; se emplea, de forma oral, en las clases… Aquí lo utilizamos por algo que ya hemos dicho: porque pretendemos que el estudiante de cualquier nivel, o la persona que sienta curiosidad por las cuestiones lingüísticas, realice un pequeño esfuerzo mental e intente hallar la solución por sí solo. Por eso recomendamos que no se consulte la respuesta a cada pregunta sin antes haber dado la propia; que la respuesta incluida en el libro sirva solo para contrastarla con la nuestra.

Confiamos en que el libro sea útil a sus lectores.

E.C.M.

Preguntas

¿Cómo nombran y se nombran los **nombres**?

1	¿Por qué *hombre* y *Manuel* son nombres sustantivos, y no adjetivos u otra clase de palabras?
2	¿Qué diferencia hay, desde el punto de vista del significado, entre *hombre* y *Manuel*, *perro* y *Canelo*, *gato* y *Micifuz*, aun siendo nombres los dos miembros de cada pareja?
3	Cuando decimos que alguien es *un quijote, una celestina, un demóstenes* o *un nerón*, ¿se trata de nombres propios o comunes?
4	¿Y si hablamos, en cambio, de *la Virgen, el Filósofo, el Profeta* o *el Libertador*?
5	¿Qué diferencia existe entre *abeja* y *colmena, soldado* y *ejército, pino* y *pinar*?
6	¿En qué se distinguen, como clases de sustantivos, *muchachada, castañar* y *piara* de *conjunto, montón* y *serie*?
7	¿Y cuál es la diferencia entre *león* y *ferocidad, piedra* y *dureza, casa* y *tranquilidad*?
8	¿Qué relación y qué diferencia se observan entre las palabras que forman las siguientes parejas: *árbol* y *madera, zapato* y *calzado, pantalón* y *ropa, fuente* y *agua, moneda* y *dinero*?
9	¿Por qué podemos decir *tres ladrillos*, pero no *tres cementos*?
10	Cuando decimos *Me he tomado dos vinos*, ¿qué es lo que queremos manifestar en realidad? ¿Qué recurso lingüístico estamos utilizando?
11	¿Por qué podemos decir *Esto es madera*, pero no *Esto es silla*?
12	¿Por qué es admisible *Me regaló bombones*, pero no *Me regaló bombón*?
13	¿Qué diferencia de significado se observa al utilizar la palabra *salchichón* en dos frases como estas: *Me gusta mucho el salchichón* y *Acabo de comprar tres salchichones*?
14	¿Qué es más correcto, *Una loncha de jamón* o *Una loncha de jamones*? ¿Por qué?

Preguntas

15 ¿Aprecias alguna diferencia entre *La zanahoria es buena para la vista* y *Las zanahorias son buenas para la vista*?

¿Singular y plural? ¿Singular o plural?

16 ¿Sabes para qué sirve el número gramatical?

17 ¿Cómo dirías en singular *víveres, nupcias* y *modales*?

18 ¿Y en plural *oeste, cenit, cariz, salud* y *tez*?

19 ¿Cuál es el plural de *piso piloto: pisos piloto* o *pisos pilotos*?

20 ¿Cuál es el plural de estas palabras acabadas en vocal acentuada: *sefardí, saudí, hindú, papú* y *faralá*?

21 ¿Y el de estas otras: *menú, gachí, dominó, sofá* y *champú*?

22 Algunas pueden tener dos plurales: en *-s* o en *-es*. ¿Cuáles de las siguientes te parece que están en estas circunstancias: *rubí, pachá, tabú, hurí, canesú, esquí*?

23 Unos señores entraron en un bar y pidieron unos *cafeses* y unos *vermuses* para sí, y unos *pirulises* para los niños. ¿Cómo les explicarías que esos plurales no son correctos?

24 Las siguientes palabras son monosilábicas: *gol, tres, pie, sol, fe, cien*. ¿Conoces el plural de cada una?

25 Tienes un amigo apellidado *Fernández*, otro *Martínez* y otro *Garcés*. Si necesitas pluralizar el apellido para aludir a las familias completas, ¿cómo lo harías?

26 ¿Y si se apellidaran *García, Gascón, Riquelme* o *Quintero*?

27 ¿Conoces el plural de las cinco letras vocales, *a, e, i, o, u*?

28 En clase de música un alumno lo pasó mal porque tenía que utilizar en plural las notas musicales y no sabía cómo. Vamos a ayudarlo: *do ..., re ..., mi ..., fa ..., sol ..., la ..., si...*

29 ¿Puedes poner en plural esta frase: *Me da lo mismo un sí que un no*?

30 ¿Y esta otra: *En el convoy había un carro tirado por un buey*?

31 El profesor de Educación Física dijo a los alumnos: *Tensad el **bíceps** y sacad el **tórax***. ¿Cómo hubiera aludido en plural a esas partes del cuerpo?

32 A ver cómo nos defendemos con las palabras latinas. ¿Sabes poner en plural las que están en negrita en la siguiente oración: *Tras el **referéndum**, se elaboró un **memorándum** y a algunas personas se les pidió el **currículum**?*

33 ¿Y las de esta otra: *Las empresas mantienen su **estatus** cuando tienen **superávit**, no cuando tienen **déficit**?*

34 ¿Cuál es el plural de *plus, ómnibus* y *álbum*?

35 Y ahora, vamos con extranjerismos. Si en vez de tomar un *cóctel*, un *cruasán* y un *yogur*, fueran dos, ¿cómo lo dirías?

36 ¿Cómo lo pondrías todo en plural si fueras un *líder* y tuvieras un *chófer* que tocara el *claxon*?

37 Duplícalo todo: *un bloc, dos ...; un pívot, dos ...; un cómic, dos ...; un esnob, dos...*

38 Algunos extranjerismos más. ¿Cuál es el plural de *boicot, debut, complot, entrecot* y *ballet*?

39 ¿Se forma igual el plural de *malentendido* que el de *maltrato*? ¿Cómo es cada uno de ellos?

40 Si te hubieras llevado más de un *sobresalto* y conocieras a una *ricahembra* que fuera *manirrota*, así como a un *gentilhombre cejijunto*, ¿cómo lo dirías todo en plural?

41 El que viene por allí es un hombre *cualquiera*, pero, si fueran varios, ¿cómo lo diríamos?

42 ¿Puedes decir, sin más, el plural de *hombre masa, niño prodigio, hora extra* y *pez espada*?

43 ¿Y el de *merienda cena, casa cuartel* y *juez árbitro*?

44 ¿Y el de *conflicto árabe-israelí, estudio histórico-artístico* y *asunto teórico-práctico*?

45 ¿Qué debemos decir, *Todos permanecieron **alerta*** o *Todos permanecieron **alertas***?

46 Algunas de las siguientes palabras no tienen plural: *sur, sed, terraplén, grima, desliz, harén*. ¿Puedes indicar cuáles son?

47 ¿Qué cambia en el significado de algunos nombres abstractos cuando los usamos en plural? Compruébalo con los siguientes: *belleza, bondad, amistad, caridad, felicidad*.

48 Trata de poner en singular la siguiente oración: *Cuando se celebran nupcias o esponsales, los novios entregan las arras a las novias.* ¿Encuentras alguna dificultad?

49 Algunas de las siguientes palabras no se usan en singular. Indica cuáles son: *enseres, lentes, añicos, rizos, gárgaras, trizas, ganas*.

Preguntas

50	Hay otras que admiten las dos formas, singular y plural. ¿Eres capaz de decir cuáles de estas se encuentran en ese caso: *tijeras, gafas, cosquillas, comicios, pinzas, escaleras*?
51	El significado de algunas palabras cambia según las usemos en singular o en plural. ¿Puedes explicar qué es *un grillo* y qué son *los grillos*; qué es *el celo* y qué son *los celos*; qué es *la razón* y qué son *las razones*?
52	Las abreviaturas también tienen plural, pero no se forma igual en todos los casos. ¿Sabes qué significan *SS. MM., AA. RR., FF. AA.* y *AA. EE.*?
53	¿Cuál es el plural de las abreviaturas *Excmo. (excelentísimo), pág. (página), Vd. (usted), Sr. (señor), vol. (volumen), ej. (ejemplo)* y *Pdte. (presidente)*?
54	¿Y el de los símbolos *atm (atmósfera), cal (caloría), dl (decilitro), h (hora), ha (hectárea), kg (kilogramo)* y *m (metro)*?
55	¿Sabrías formar el plural de las siglas *ONG, MIR, VIP, APA*?
56	¿Y en casos como *GEO, GRAPO, UVI* y *UCI*?
57	¿Cuál es el singular de *Buenos Aires, los Andes* y *Las Rozas*?

¿En masculino o en femenino?

58	¿Qué indica el género en los seres animados?
59	¿Indica lo mismo en los inanimados?
60	¿Sabes cuál es el femenino de *yerno, carnero* y *caballo*?
61	¿Y el de *abad, cónsul, héroe* y *actor*?
62	¿Cuál es el femenino correcto de *director, alguacil, vampiro* y *profeta*? Elige entre los miembros de las siguientes parejas: *directriz* o *directora, alguacila* o *alguacilesa, vampira* o *vampiresa, profeta* o *profetisa*.
63	¿Cómo se forma el femenino de *adolescente, dentista, cónyuge* y *mártir*?
64	Cuando decimos *la ballena, la criatura, el rinoceronte, la persona* y *el escarabajo*, ¿a qué sexo nos referimos?
65	¿Hay alguna razón concreta para que sean masculinos *cartel, calambre* y *tren*, y femeninos *cárcel, lumbre* y *sien*?

66 ¿Te parece que son masculinos todos los nombres acabados en *o* y femeninos todos los acabados en *a*?

67 ¿Cuál es el significado de cada una de las siguientes palabras, según las utilicemos en masculino o en femenino: *pez, pendiente, editorial* y *capital*?

68 ¿Y el de *coma, cura, orden* y *radio*?

69 Las siguientes palabras admiten ambos géneros sin variar la forma, solo con el cambio del artículo, pero en unas varía el significado y en otras no. Indica en cuáles se da cada una de las dos circunstancias: *mar, cólera, canal, color, delta, dote*.

70 ¿Se observa diferencia de significado entre los miembros de cada una de las siguientes parejas: *azucarero/azucarera, centollo/centolla, badil/badila, boleto/boleta*?

71 ¿Qué indica la oposición masculino/femenino en los siguientes casos: *el trompeta / la trompeta, el naranjo / la naranja, el barco / la barca, el fruto / la fruta*?

72 ¿En qué género se encuadra cada uno de estos términos: *apéndice, síncope, antítesis, alfiler, bajamar, urdimbre*?

73 ¿Y estos otros: *avestruz, alambre, aceite, arroz*?

74 ¿Están justificados los femeninos *boticaria, bióloga* y *diputada*?

75 ¿Lo está cada uno de estos: *jueza, concejala, fiscala* y *oficiala*?

76 ¿Cuál es el femenino de *soldado, cabo, teniente, sargento, coronel* y *comandante*, si nos referimos a grados del ejército?

77 En femeninos como *física, química, música, informática* o *política*, ¿se puede producir ambigüedad?

78 ¿Cuáles de estas oposiciones son correctas y cuáles no: *huésped/huéspeda, capataz/capataza, dibujante/dibujanta, presidente/presidenta, cacique/cacica, ayudante/ayudanta*?

79 ¿Te parece correcta la frase *Los políglotos hablan varias lenguas*?

80 Si alguien te dice: *Marcelino es autodidacto*, ¿le dirías que está bien o que es incorrecto?

81 ¿Son correctas las variantes *testiga, estratego* y *tránsfugo*?

82 ¿Sabes cuáles son los femeninos de *poeta* y *guarda*?

83 ¿Si decimos *Rubén es un fiera* significa lo mismo que si decimos *Rubén es una fiera*?

84 ¿Es necesario repetir una y otra vez *compañeros* y *compañeras, trabajadores* y *trabajadoras, ciudadanos* y *ciudadanas*…?

Preguntas

85 Las parejas *caso/casa, palo/pala, velo/vela* y *coso/cosa*, ¿forman oposiciones masculino/femenino?

86 ¿Por qué decimos *el Guadiana, el Segura, el Sena*, y no *la Guadiana, la Segura, la Sena*?

87 ¿Cómo se forma el femenino de los adjetivos acabados en *-ble*, como *potable, creíble, aceptable* y *posible*?

88 Pon en masculino *mujer cosmopolita, trabajadora agrícola, ciudadana croata* y *ministro israelí*. ¿Qué cambia en cada caso?

¿Cómo y a quién se adjuntan los **adjetivos**?

89 ¿Para qué sirven los adjetivos?

90 ¿Sabes por qué son adjetivos *guapo* y *feo, alegre* y *triste, sano* y *enfermo*?

91 Cambia el orden de los componentes de los grupos *amigo bueno* y *enemigo malo*. ¿Qué ocurre con la forma de los adjetivos?

92 Ponlos ahora en femenino y vuelve a cambiar el orden. ¿Sigue sucediendo lo mismo?

93 Fíjate en las siguientes combinaciones: *pañuelo negro, negros nubarrones; persona feliz, feliz coincidencia; verano cálido, cálido hogar*. ¿Ves, en cada caso, alguna diferencia de sentido en los adjetivos *negro, feliz* y *cálido*?

94 *Hombre grande, gran hombre; mi hija pequeña, mi pequeña hija.* ¿Qué ocurre ahora con el significado de *grande* y *pequeña*?

95 *Un simple oficinista, un oficinista simple; un triste auxiliar, un auxiliar triste.* ¿Y en esta ocasión con el de *simple* y *triste*?

96 Si decimos *nieve blanca* y *rocío húmedo*, ¿qué aportan *blanca* y *húmedo* a los correspondientes nombres? ¿Sucede lo mismo si decimos *tela blanca* y *ropa húmeda*?

97 En la oración *Los nuevos y los repetidores que esperen un momento*, ¿cómo actúan gramaticalmente *nuevos* y *repetidores*?

98 Di cuál es el nombre y cuál el adjetivo en cada uno de los casos siguientes: *un millonario holandés* y *un holandés millonario; un viejo sabio* y *un sabio viejo*.

99 Te damos tres palabras: *Felisa, lista, Andrea.* Construye con ellas los tres tipos de comparación: de igualdad, de superioridad y de inferioridad.

100	Haz ahora lo mismo con estas otras: *película, larga, interesante.*
101	¿Sabes cuáles son los comparativos de *bueno, malo, grande* y *pequeño,* sin necesidad de echar mano del adverbio *más?*
102	¿Qué te parece si alguien dice *Este vino es más malo que el que bebimos ayer, pero el queso está más bueno?*
103	¿Es correcta la expresión *Mi padre es más mayor que mi madre?* Si no lo es, corrígela.
104	¿Y esta otra: *Ese abrigo es de calidad más inferior que este otro?* Corrígela, si lo consideras necesario.
105	¿Podrías explicar por qué adjetivos como *primero, último, soltero, viudo, infinito* y *final* no admiten el grado comparativo?
106	*Altísimo* y *el más alto* corresponden a dos clases de superlativo. ¿Cómo se llama cada uno? ¿Qué diferencia hay entre ellos?
107	¿Cuáles son las dos formas tradicionales del superlativo absoluto de *hermoso, listo* y *amplio?*
108	¿Conoces el superlativo en *-ísimo* de *caliente, joven* y *serio?*
109	¿Y el de *antiguo, sabio* y *fiel?*
110	¿Recuerdas el superlativo de *célebre, libre* y *mísero?*
111	Algunos adjetivos admiten dos superlativos. Indica en cuáles de los siguientes casos son correctas ambas formas: *amigo: amicísimo* y *amiguísimo; pulcro: pulcrísimo* y *pulquérrimo; culpable: culpablísimo* y *culpabilísimo; simple: simplísimo* y *simplicísimo; sagrado: sagradísimo* y *sacratísimo; nuevo: nuevísimo* y *novísimo.*
112	¿Por qué no son admisibles superlativos como *enormísimo, imponentísimo, heladísimo* y *estupendísimo?*
113	¿Te parecen correctas construcciones como *muy tremendo, muy estupendo* y *muy perfecto?*
114	¿Y estas otras: *lo más fundamental* y *el más último?*
115	¿Y, finalmente, *muy interesantísimo* y *muy agradecidísimo?*

Preguntas

¿A qué se dedican los *adverbios*?

116 ¿Qué es un adverbio?

117 En la oración *Yo también saldré luego para ir al cine,* ¿cuántos adverbios hay?

118 En esta otra: *Aquí se está bien,* ¿por qué sabemos que *aquí* y *bien* son adverbios?

119 ¿De qué clase es cada uno de estos adverbios: a*caso, mal, mucho, tampoco, sí, antes, lejos*?

120 Fíjate en estas dos oraciones: *Se asustó mucho. Tenía mucho miedo.* ¿En cuál de las dos funciona como adverbio la palabra *mucho*? ¿Qué es en la otra? ¿Qué es lo que te permite averiguarlo?

121 Contesta ahora a las mismas preguntas, en relación con la palabra *fuerte*, en *Hablaba muy fuerte porque tenía una fuerte voz.*

122 Observa estas dos secuencias: *No tengo prisa* y *–¿Tienes prisa? –No.* ¿Funciona igual en ellas el adverbio *no*?

123 Di cuáles de estos adverbios en *-mente* te parecen adecuados y cuáles no: *felizmente, velozmente, bastantemente, enormemente, distintamente, importantemente, estupendamente.*

124 ¿Está bien construida la oración *Pasaron el verano tranquilamente y felizmente*? ¿Cambiarías algo?

125 ¿Son correctas las dos: *No recuerdo ni el día de ayer. No recordaba ni el día de antes*?

126 ¿Qué diferencia hay entre *Ven aquí* y *Ven acá*?

127 Si alguien te dice *Pase usted a adelante, vamos a allí,* ¿pensarías que algo está mal expresado?

128 ¿Qué te parece mejor, *Me voy antes que se me escape el autobús* o *Me voy antes de que se me escape el autobús*?

129 ¿Y ahora: *Estaba debajo de la cama* o *Estaba debajo la cama*?

130 ¿Está bien usado el adverbio *solo* en *Solo hacía que dar la lata*?

131 ¿Qué expresión, más elegante, utilizarías en vez del adverbio *mayormente* en *Lo que ella quería mayormente era irse a casa*?

132 Está muy en boga la locución adverbial *desde ya.* ¿Conoces alguna que pueda sustituirla con más propiedad?

MIL preguntas y respuestas de Lengua Española

133	¿Qué hay de incorrecto en la oración *Los diez minutos finales fueron los mejores jugados del partido*?
134	¿Cambiarías algo en *Se escondió atrás del armario*?
135	¿Y en esta otra: *Voy a pasar unos días afuera de la ciudad*?
136	¿Hay algo extraño en *Espérame, que ahora subo para arriba*?
137	Fíjate en estas dos oraciones: *Casi estoy por ir a ver qué ocurre. Casi que estoy por ir a ver qué ocurre*. ¿Son válidas ambas?
138	¿Qué hace el adverbio *como* en construcciones del tipo *Parecía que estaba como muy nervioso*?
139	¿Y en esta otra: *Están todo el día juntos, parecen como marido y mujer*?
140	Observa estas cuatro construcciones: *Es demás de tonto. Es demasiado tonto. Es tonto por demás. Es demasiado de tonto*. ¿Cuáles son correctas y cuáles no?
141	¿Por qué no es correcto *Yo vine aquí más antes que tú*?
142	¿Qué falla en *Desde la semana pasada, el señor Alfónsez no trabaja más en esta oficina*?
143	¿Y en esta otra oración: *Hemos pasado unos meses donde hemos tenido muchos problemas*?
144	Fíjate en la locución adverbial *al menos* en estas dos oraciones: *Me quedaré allí al menos una semana. Me quedaré una semana, al menos que el director me haga volver*. ¿La sustituirías por otra en alguna de ellas?
145	¿Por qué es correcto *Llegaremos con el menor retraso posible* y no lo es *Llegaremos con el menos retraso posible*?
146	¿Por qué está fuera de lugar *muchos* en la oración *No lo haré por muchos serios motivos*?
147	¿Se puede decir de un modo más adecuado *Los sindicatos han acordado la no aceptación de las medidas del Gobierno*?
148	¿Qué es más correcto, *Estaban todos, los sobrinos inclusive* o *Estaban todos, los sobrinos inclusives*? ¿Por qué?
149	Arregla esta oración: *Tendré que consultarlo cuanto menos con mis padres*.
150	Juzga sin son correctas estas dos expresiones o solo es adecuada una de ellas: *A poco pierdo el autobús. Por poco pierdo el autobús*.
151	¿Qué te parecen expresiones como esta, propias del mundo del deporte: *El Fuenlabrada va cuatro puntos arriba*?

152 ¿Es correcto decir *Está detrás tuyo*?

153 ¿Qué queda mejor, *Iba delante mío* o *Iba delante mía*?

154 ¿Es correcto *Estaban todos a su alrededor*? ¿Y si decimos *Estaban todos alrededor suyo*?

155 ¿Qué elegirías, *en contra mía, en mi contra* o *en contra de mí*?

156 ¿Y en este caso: *en su favor, a favor suyo* o *a favor de él*?

¿Podríamos prescindir del artículo?

157 ¿Sabes qué es un artículo y para qué sirve?

158 ¿Conoces las formas del artículo en español?

159 ¿Qué diferencia, basada en la presencia o la ausencia del artículo, hay entre las expresiones *Quiero ensalada* y *Acércame la ensalada*?

160 ¿Por qué decimos habitualmente *Tengo que llevar el coche a arreglar*, en vez de *Tengo que llevar mi coche a arreglar*?

161 ¿Por qué no solemos decir *Me duele mi cabeza*?

162 ¿Qué diferencia se observa entre *He comprado unos bombones* y *Me he comido los bombones*?

163 ¿Por qué no se usa nunca el artículo neutro *lo* delante de un nombre?

164 ¿Qué diferencia de significado hay entre *el bueno* y *lo bueno*?

165 ¿Cuál es el plural de *lo bueno*?

166 *Bueno, malo, feo, guapo, negro* y *blanco* son adjetivos, pero si decimos *el bueno, el malo, el feo, el guapo, el negro* y *el blanco*, ¿en qué los convertimos?

167 El infinitivo de los verbos no tiene plural y, sin embargo, decimos *los poderes, los saberes, los deberes.* ¿Por qué?

168 Hay gente que dice *la Engracia* y *la Filomena*. ¿Por qué no se debe usar el artículo en estos casos?

169 ¿Qué te parece el uso del artículo en casos como *la Pantoja* y *la Jurado*?

170	¿Pueden los nombres propios de persona llevar artículo en alguna ocasión?
171	Algunas personas dicen que han estado esquiando en *Alpes* y en *Pirineos*. ¿Te parece correcto?
172	Elige las opciones que te parezcan más adecuadas: *Voy a viajar a varios países: Perú / el Perú, Brasil / el Brasil, Japón / el Japón y China / la China*.
173	Hagamos ahora un viaje por España, yendo por *Extremadura / la Extremadura, Bierzo / El Bierzo, Mancha / La Mancha* y *Andalucía / la Andalucía*. ¿Debería acompañarnos el artículo en todos los casos?
174	*¿Jugamos al tenis* o *Jugamos a tenis?*
175	Cuando un comentarista deportivo dice que un jugador *avanza por banda, entra en área y chuta con pierna izquierda*, ¿lo aplaudimos o lo metemos en la "cárcel de papel"?
176	¿Y cuando dicen que seguirán hablando *a vuelta de pausa publicitaria*?
177	¿Falta algo en *No se atrevía a respirar de asustado que estaba*?
178	¿Qué diferencia hay entre *Hombres, mujeres y niños tenían franca la entrada* y *Los hombres, las mujeres y los niños tenían franca la entrada*?
179	Explica por qué no es correcta esta oración: *Hay bastante distancia entre las posturas de los empresarios y los sindicatos*.
180	¿Está bien esta: *Mi situación no es comparable contigo*?
181	Elige la opción que te parezca más acertada: *Todo el mundo sabe quién fue el autor del Quijote* o *Todo el mundo sabe quién fue el autor de El Quijote*.
182	Haz lo mismo en este caso: *Tengo que ir a el médico* o *Tengo que ir al médico*.
183	¿Ante la pregunta ¿*Has visto eso?*, dirías ¿*El qué?*, ¿*Qué?* o ¿*Lo qué?*, para pedir una aclaración?

¿Por qué son **personales** ciertos **pronombres**?

184	¿Qué quiere decir la palabra **pronombre**?
185	¿Y **pronombre personal**?
186	¿Tienen los pronombres de esta clase alguna relación con el verbo?

187 ¿Cuáles de los siguientes pronombres son de primera persona: *usted, me, los, conmigo, nosotros*?

188 ¿Cuáles son de segunda: *vosotros, ustedes, nos, las, ti*?

189 ¿Cuáles son de tercera: *le, tú, se, os, consigo*?

190 ¿Es *nosotros* el plural de *yo*?

191 Si alguien dice, *Hablaré con ellos*, ¿cuál es el sujeto? ¿Por qué no es necesario ponerlo?

192 ¿En necesario en este caso: *En el año 89 estaba en París*?

193 ¿Por qué lo usamos en expresiones como *Te lo digo yo. ¡Si lo sabré yo!*

194 ¿Percibes alguna diferencia entre *Te ayudaré* y *Yo te ayudaré*?

195 ¿Es gramaticalmente correcta la construcción *Yo ya sabes que nadie me hace callar*?

196 ¿Se puede identificar el sujeto, aunque no se exprese, en *Tienes que acompañarme*? ¿Por qué?

197 ¿Por qué lo utilizamos en expresiones como *Tú estás loco, Tú ya me entiendes*?

198 ¿Percibes alguna diferencia entre *¿Qué sabes de eso?* y *¿Qué sabes tú de eso?*

199 ¿Es correcta la oración *¿Pero bueno, tú quién te ha llamado?*

200 Parece una pregunta de perogrullo, pero ¿por qué no se pueden decir cosas como *Mí soy de Miranda* o *Ti no sabes nada?*

201 Se dice *El problema es de ellos*, pero, ¿por qué crees que no se dice *El problema es de nosotros* o *El problema es de vosotros*?

202 Si es segunda persona, ¿por qué decimos *Usted es muy amable,* con el verbo en tercera, y no *Usted eres muy amable*?

203 Expresiones como *Vos sos* y *Vos salís*, que se emplean en algunos países hispanoamericanos, ¿son de confianza o de respeto?

204 ¿Hay algún error gráfico en *Esto es para mi*?

205 ¿Y en *Aquello es para ti*?

206 ¿Y en *Lo quiere todo para sí*?

207 ¿Cuál es el femenino de *yo, tú, me, nos, se, sí*?

208 ¿Y el de *lo* y *le*?

209 ¿Cuál es el plural de *ello*?

210 ¿Hay alguna incorrección en *A los demás no le ha pasado nada*?

211 ¿Qué debemos decir, *Los comensales se miraban entre ellos* o *Los comensales se miraban entre sí*?

212 ¿Es correcto *Tardé diez minutos en volver en sí*?

213 ¿Y esto otro: *Todavía no las tengo todas consigo*?

214 ¿Y esto: *Tú todavía puedes dar mucho de sí*?

215 ¿Es mejorable *Es una egoísta, sólo se quiere a ella misma*?

216 ¿Qué es lo correcto, *Esta noche es conveniente acostarnos temprano* o *Esta noche es conveniente acostarse temprano*?

217 ¿Corregirías algo en *Cuando se va a mucha velocidad, puedes tener un accidente*?

218 ¿Qué te parece mejor, *A veces es preferible decidir por uno mismo* o *A veces es preferible decidir por sí mismo*?

219 ¿Puedes mejorar *Yo ya la había visto esa película*?

220 ¿Sobra algo en *Me vais a hacer que me marche*?

221 ¿Son incorrectas las expresiones *Eso ya me lo suponía* y *No me seas borrico*?

222 ¿Cuál es la forma correcta: *¡Callaros de una vez! ¡Callados de una vez!* o *¡Callaos de una vez!*

223 ¿Cómo debemos decir, *Sentémonos aquí* o *Sentémosnos aquí*?

224 ¿Qué te parece más correcto, *Ahí va Ambrosio, mírale* o *Ahí va Ambrosio, míralo*?

225 ¿Y en este caso: *No le molestes, que está durmiendo* o *No lo molestes, que está durmiendo*?

226 ¿*A los padres hay que obedecerlos* o *A los padres hay que obedecerles*?

227 ¿*La dije que se callara* o *Le dije que se callara*?

228 ¿*A un hijo hay que cuidarle* o *A un hijo hay que cuidarlo*?

229 ¿*Le obligan a hacer horas extraordinarias* o *Lo obligan a hacer horas extraordinarias*?

230 ¿*La advertimos de las dificultades* o *Le advertimos de las dificultades*?

231 ¿*La advertí que se me había acabado la paciencia* o *Le advertí que se me había acabado la paciencia*?

Preguntas

232	¿*A mi hermana **la** escribí hace un mes* o *A mi hermana **le** escribí hace un mes*?
233	¿*Coge ese cuaderno y acérceme**lo*** o *Coge ese cuaderno y acérceme**le***?
234	¿Qué pronombre debe sustituir a *un sello* en *Voy a pegar un sello en el sobre*?
235	¿Y ahora, cuál ponemos en lugar de *a un mendigo* en *Unos desalmados pegaron a un mendigo*?
236	¿En cuál de los dos casos está mal usado el pronombre: ***Lo** dieron un golpe. **Lo** dieron por muerto*?
237	¿Es incorrecto alguno de estos dos usos: *A usted se **lo** aprecia en todas partes. A usted se **le** aprecia en todas partes*?
238	¿Y en estos otros: *A las mujeres se **las** trata con respeto. A las mujeres se **les** trata con respeto*?
239	¿Y en estos: *A la encargada se **le** dará lo que necesite. A la encargada se **la** dará lo que necesite*?
240	¿Por qué la forma del pronombre es diferente en estos dos casos: ***Lo** enseñaron a defenderse* y ***Le** enseñaron artes marciales*?
241	¿Es correcto el orden de los pronombres en *Nos ha tocado **a mí y a ti***?
242	¿Y en este caso: *Entre **ella y yo** no hay ningún problema*?
243	Seguro que tienes claro si es correcta o no esta construcción: *Me se roto un calcetín*.
244	¿Puede serlo esta otra: *Me lo diga otra vez*?
245	¿Y esta: *Se sienten ustedes*?
246	¿Alguna de estas no sirve: *Voy a decírselo. Se lo voy a decir*?
247	¿*Sigo viéndola de vez en cuando* o *La sigo viendo de vez en cuando*?
248	¿*No me deja hacerlo* o *No me lo deja hacer*?
249	¿*Hay que decírselo a los demás* o *Se lo hay que decir a los demás*?
250	¿*Lo hay que terminar enseguida* o *Hay que terminarlo enseguida*?
251	¿Alguna de estas no es válida: *Lo voy a seguir intentando. Voy a seguirlo intentando. Voy a seguir intentándolo*?
252	¿*Estaba pensando en ducharme* o *Me estaba pensando en duchar*?
253	¿Qué te parece una construcción como *Díjome que tendría éxito*?

254 ¿Cuál eliges, *Se acaba de pitar una falta* o *Acaba de pitarse una falta*?

255 ¿*Temo decírselo* o *Se lo temo decir*?

256 ¿*En este patio no se puede jugar al fútbol* o *En este patio no puede jugarse al fútbol*?

¿Muestran o demuestran los **demostrativos**?

257 ¿Para qué sirven los demostrativos?

258 ¿Qué es lo que diferencia el uso de cada uno de los demostrativos *este, ese* y *aquel*?

259 ¿Tienen los demostrativos variación de género y número?

260 ¿Sabes cuál es el plural de los neutros *esto, eso* y *aquello*, respectivamente?

261 ¿Puedes citar un ejemplo en el que un demostrativo neutro actúe como determinante?

262 ¿El carácter situacional de los demostrativos puede referirse al espacio, al tiempo o a ambas cosas?

263 ¿Desempeña la misma función gramatical el demostrativo *este* en las dos oraciones siguientes: *Este libro es muy entretenido. Este es un libro muy entretenido*?

264 Cuando alguien dice *Acércame el ese*, ¿por qué lo hace?

265 Si decimos de una persona, *Esto es un ignorante que no sabe lo que dice*, ¿por qué estamos utilizando el neutro *esto*?

266 ¿Cuándo es obligatorio acentuar los demostrativos?

267 ¿Qué demostrativos de esta oración podrían llevar acento: *Pon este jersey en ese cajón, y este en aquel*?

268 Fíjate en el tipo de señalamiento que realiza el demostrativo en estas dos oraciones: *No le hagas caso a este. Tiene fiebre y este es un síntoma preocupante*. ¿Observas alguna diferencia?

269 ¿Ves algo de particular en el uso del demostrativo en *Tráigame el expediente, que eso lo necesito*?

270 ¿Pueden ir los demostrativos detrás del nombre?

271 ¿Con qué otros determinantes pueden combinarse los demostrativos?

272 Con ciertos determinantes, en cambio, no pueden combinarse nunca. ¿Podrías citar algunos de ellos?

273	Cuando utilizamos expresiones como *No le hagas caso a ese*, ¿qué matiz expresivo se percibe en *ese*?
274	¿Y en *aquel* en la oración *Aquel sí que fue un buen verano*?
275	Cuando decimos a alguien, ¿*Cómo va eso?*, ¿a qué podemos referirnos?
276	¿Conoces alguna fórmula de despedida epistolar en que se emplee un demostrativo?
277	¿Pueden los demostrativos acompañar a los nombres propios?

¿Hay palabras *posesivas*?

278	¿Para qué se usan los posesivos?
279	¿Cuántas clases o series de posesivos hay?
280	¿Sabes cómo se forma el posesivo neutro?
281	La idea de posesión expresada por esta clase de palabras, ¿es siempre la misma? ¿Es igual, por ejemplo, en *mi mochila* que en *mi hermano*?
282	Cuando decimos *mi pueblo, mi barrio* o *mi colegio*, ¿qué queremos decir?
283	¿A qué puedo referirme si le digo a alguien *Ya he leído tu libro*?
284	¿Cuándo se usan *mi, tu, su* y cuándo *mío, tuyo, suyo*?
285	¿Desempeña la misma función el posesivo en *Este es nuestro jardín* que en *Este jardín es nuestro*?
286	¿Qué diferencia hay entre *mío* y *nuestro*? ¿Y entre *tuyo* y *vuestro*?
287	¿Pueden llevar artículo todos los posesivos?
288	Cuando decimos *su casa*, ¿quién es el poseedor al que nos referimos?
289	Fíjate en la siguiente oración: *Creo que en el litigio entre usted y su cuñada, la razón es suya.* ¿Cómo podríamos evitar la ambigüedad que conlleva?
290	¿Puede ir el posesivo en alguna ocasión detrás del nombre?
291	Si se añaden un posesivo y otro determinante a un mismo nombre, ¿cómo se colocan normalmente?
292	¿Qué diferencia ves entre *Este coche es mío* y *Este coche es el mío*?

293 ¿Qué te parece esta construcción: *Ambrosio es raro de por suyo*?

294 ¿Qué tiene de particular la construcción *Tengo un hijo mío estudiando en Zaragoza*?

295 ¿Dónde radica el error en la oración *Manolo y yo, a su vez, no estábamos dispuestos a ceder*?

296 En una oración como *Don Pablo se preocupa por los suyos*, ¿a qué hace referencia *los suyos*?

297 ¿Qué significa *lo suyo* en la oración *Por meterse donde no la llamaban, ha recibido lo suyo*?

298 ¿Por qué usamos el posesivo en expresiones como *Ya me tomado mi cocidito y ahora voy a dormir mi buena siesta*?

299 ¿Qué te parece más recomendable, *La madre de Amanda* o *Su madre de Amanda*? ¿Por qué?

¿Los **numerales** son cifras o letras?

300 ¿Cuántas clases de numerales hay?

301 ¿Qué indican los **cardinales**?

302 ¿Cuántos cardinales calculas que puede haber?

303 ¿Por qué crees que se crearon los símbolos numéricos: 1, 2, 3, 4…? ¿Qué ventajas aporta su uso?

304 Hay cardinales simples y compuestos. ¿Puedes citar ejemplos de unos y otros?

305 ¿A partir de qué número se escriben separados los cardinales compuestos?

306 ¿Sabes escribir en letra 25, 84 y 362?

307 Si tienes que extender un cheque por valor de 2 399 euros, ¿cómo escribirías la cantidad en el apartado en que ha de hacerse en letra?

308 ¿Y si el valor fuera de 23 842?

309 ¿Cuál es el plural de *uno* como cardinal?

310 ¿Cuál es el plural de *dos, tres* y *cuatro*?

311 ¿Tienen los cardinales variación de género?

312   ¿Cómo se debe decir, *Faltan veintiún **día*** o *Faltan veintiún **días***? ¿Por qué?

313   Elige: ¿*Veintiún hectáreas* o *veintiuna hectáreas*?

314   Otra vez: ¿*Treinta y un mil monedas* o *treinta y una mil monedas*?

315   ¿Son válidas las formas *novecientos* y *nuevecientos*?

316   ¿Qué es lo correcto, *el quince por cien* o *el quince por ciento*? ¿Pueden valer los dos?

317   ¿Debemos decir *el cien por cien*, *el cien por ciento* o *el ciento por ciento*?

318   ¿Cómo se expresan mediante sustantivos *diez*, *doce*, *veinte* y *treinta*?

319   ¿Y *cien*? ¿Y *mil*?

320   ¿Conoces algún numeral cardinal que solo se exprese mediante un sustantivo?

321   Fíjate en este ejemplo: *Hemos conseguido **tres** entradas; necesitamos **tres** más.* ¿Funciona igual, desde el punto de vista sintáctico, *tres* en los dos casos?

322   Cuando decimos *En esta operación hay tres treses, cuatro cuatros y cinco cincos*, ¿cómo actúan gramaticalmente los dos miembros de cada pareja? ¿Por qué hemos podido pluralizar los que aparecen en segundo término?

323   Hay algunos cardinales que se apocopan cuando van delante de un nombre. ¿Sabes cuáles son?

324   Cuando actúan como determinantes, ¿pueden los cardinales combinarse con otros determinantes? ¿Con cuáles?

325   ¿Puede ir un determinante cardinal detrás del nombre?

326   ¿A qué obedece el nombre de **ordinales**?

327   ¿Qué ordinales corresponden a *dos*, *cuatro* y *nueve*?

328   ¿Tienen femenino todos los ordinales?

329   ¿Tienen plural?

330   ¿Qué aniversario, dicho en ordinales, se celebra en las Bodas de Plata? ¿Y en las Bodas de Oro?

331   ¿Cuál es la forma adecuada, *undécimo* o *decimoprimero*? ¿*Duodécimo* o *decimosegundo*?

332   ¿Se puede decir, además de *decimotercero*, *decimotercio*?

333   ¿Qué femenino elegirías como más correcto, *decimoquinta* o *decimaquinta*, *decimoctava* o *decimaoctava*?

MIL preguntas y respuestas de Lengua Española

334 Hay algunos ordinales que están un poco anticuados, lo que no quiere decir que sean incorrectos. ¿Cómo decimos hoy *primo, nono, onceno, catorceno* y *decimonono*?

335 ¿Qué ordinales se pueden escribir en una o en dos palabras?

336 ¿A partir de cuál hay que escribir obligatoriamente los ordinales compuestos con más de una palabra?

337 Si has participado en una carrera multitudinaria y has llegado en el puesto 47, ¿cómo lo dirías en ordinales?

338 ¿Qué cardinal corresponde a *quingentésimo cuadragésimo sexto*?

339 ¿Y a *cuadrigentésimo nonagésimo cuarto*?

340 ¿Qué ordinales se apocopan cuando se anteponen al nombre?

341 ¿Puede un ordinal, en función determinativa, ir detrás del nombre?

342 En cada una de estas dos oraciones: *El cuarto mes es abril* y *El mes de abril es el cuarto*, ¿qué función gramatical desempeña *cuarto*?

343 ¿Sabes qué son los partitivos?

344 ¿Cuáles son los partitivos hasta llegar a diez?

345 ¿Cómo se forman a partir de once?

346 Cuando alguien dice que ha subido hasta el *doceavo piso*, ¿qué error está cometiendo?

347 En la conocida expresión *un cuarto de kilo*, ¿*cuarto* es ordinal o es partitivo?

348 ¿De qué preposición suelen ir seguidos los partitivos?

349 Un multiplicativo es *doble*. ¿Sabes por qué se llaman así estos numerales?

350 El multiplicativo correspondiente a *dos* es *doble*. ¿Sabes cuáles son los de *tres, cuatro, cinco, seis, siete* y *ocho*?

351 ¿Pueden aparecer delante y detrás de un nombre?

352 Cuando van seguidos de un complemento preposicional, ¿por qué preposición va introducido este?

353 También pueden ir seguidos de una conjunción. ¿Cuál es?

Preguntas

¿Cómo es la indefinición de los *indefinidos*?

354 Aquí tienes una lista de indefinidos: *algo, alguien, alguno, ambos, bastante, cada, cierto, cualquiera, demás, demasiado, más, menos, mismo, mucho, nada, nadie, ninguno, otro, poco, quienquiera, sendos, tal, tanto, todo, uno, varios*. ¿Por qué crees que reciben este nombre?

355 Cita algunos cuyo sentido sea claramente cuantitativo.

356 Enumera ahora otros que pueden implicar indefinición no necesariamente cuantitativa.

357 ¿Cuáles pueden considerarse distributivos?

358 ¿Cuáles tienen sentido negativo?

359 ¿Pueden formar parejas de significado opuesto?

360 ¿En cuál de los dos ejemplos siguientes actúa *un* como cardinal y en cuál como indefinido: *Me han dado un día de permiso. Conocí a Margarita un día del mes de junio*?

361 ¿Cuál es el plural de *mucho, poco, alguno* y *bastante*?

362 ¿Y el de *alguien, algo, nadie* y *nada*?

363 ¿Y el de *cualquiera* y *quienquiera*?

364 ¿Tienen singular *ambos, varios* y *sendos*?

365 Vamos ahora con el género. ¿Tienen femenino *alguno, ninguno, otro, cualquiera* y *quienquiera*?

366 ¿Cuál es el género de *alguien, nadie, bastante* y *cada*?

Vamos a enumerar a continuación una serie de indefinidos. De cada uno de ellos tienes que indicar si actúa siempre como determinante (va acompañando a un nombre), si actúa siempre como pronombre (sustituye a un nombre) o si puede actuar de ambas formas.

367 *Ninguno*

368 *Alguien*

369 *Sendos*

370 *Ambos*

371	Cualquiera
372	Nada
373	Cada
374	Algo
375	Quienquiera
376	Fíjate en las tres ocasiones en que aparece *mucho*: *Don Julián tenía **mucho** dinero. **Muchos** le decían que lo disfrutara, pero él seguía trabajando **mucho***. En una funciona como pronombre, en otra como adverbio y en otra como determinante. ¿Puedes identificarlas?
377	¿Eres capaz de citar otros cuatro indefinidos que puedan cumplir esta triple función?
378	¿Cuándo se emplea *cualquier*, la forma apocopada de *cualquiera*?
379	¿Qué otros indefinidos pueden apocoparse?
380	¿Por qué no es correcta la construcción *No le quedaba otra solución más que pedir un préstamo*?
381	¿Por qué no lo es esta otra: *El estofado necesita una poca de sal*?
382	¿Está bien *He comprado un poco queso para cenar*?
383	¿Puedes mejorar la oración *Cada día me levanto a las seis y cuarto*?
384	Fíjate en esta otra y explica qué es lo que falla: *El precio de la gasolina se ha incrementado en mucho últimamente*.
385	¿Sabes cómo se usa *sendos*? Vamos a comprobarlo señalando cuál de las dos construcciones siguientes es correcta y por qué lo es: *Baltasara tomó de postre sendos helados. Baltasara y Melchor tomaron de postre sendos helados*.
386	Indica si alguna de estas es correcta, si lo son todas o ninguna: *¿Alguien de ustedes es de Teruel? ¿Alguno de ustedes es de Teruel? ¿Alguno de entre ustedes es de Teruel?*
387	Arregla un poco esta expresión: *Filiberto estudia muchísimo; tan es así que nunca ha tenido un suspenso*.
388	¿Con cuántos indefinidos puede combinarse *otro*?
389	¿Y *más*? ¿Y *menos*?
390	¿Puedes citar indefinidos capaces de combinarse con el artículo neutro *lo*?
391	¿Y con los artículos masculino y femenino?

Preguntas

392 Busca algunos que puedan combinarse con demostrativos.

393 ¿Qué diferencia de significado hay entre *Muchos que pasaban por allí no lo vieron* y *Los muchos que pasaban por allí no lo vieron*?

394 ¿Significa lo mismo *alguna* en *Lo conseguiremos de alguna manera* y *No lo conseguiremos de manera alguna*?

395 ¿Cuáles de estos indefinidos pueden posponerse al nombre: *ninguno, sendos, cualquiera, otro, más, uno, demás, menos*?

396 ¿Significa lo mismo *varias cosas* que *cosas varias*?

¿Por qué es tan complicado el **verbo**?

397 ¿En general, en qué se distinguen, en cuanto al significado, los verbos de los sustantivos?

398 ¿En qué se diferencian esas mismas clases de palabras en lo que se refiere a la función sintáctica?

399 ¿Qué es lo que llamamos conjugación?

400 ¿Cuántas conjugaciones hay en español? ¿Qué es lo que caracteriza cada una de ellas?

401 ¿Cuáles son los morfemas o accidentes gramaticales del verbo?

402 El verbo no tiene morfema de género; sólo hay una forma verbal que sirve de excepción, puesto que en ella se distingue el masculino del femenino. ¿Sabes cuál es?

403 ¿En qué morfemas ha de concordar el verbo con el sujeto?

404 ¿Cuáles son las variantes de número en el verbo? ¿Coinciden con las del nombre?

405 ¿Cuáles son las personas verbales? ¿Coinciden con las de los pronombres?

406 ¿Todas las formas verbales tienen variación de persona?

407 ¿Está identificado el sujeto cuando decimos *hablé* o *hablaste*?

408 ¿Por qué no lo está cuando decimos *habló*?

409 Número y persona se unen en una misma desinencia. ¿Sabes cuáles son las desinencias generales de número y persona?

410 ¿Hay algún tiempo o modo de la conjugación en que estas desinencias se aparten de la norma general?

MIL preguntas y respuestas de Lengua Española

411 ¿Por qué no son correctas formas como *cantastes* y *pusistes*?

412 Si alguien dice *Tenía mucho frío*, ¿a quién se refiere? ¿Cómo podemos saberlo?

413 ¿Por qué *llover* y *nevar* solo se conjugan en tercera persona del singular?

414 ¿Pueden usarse en otra en alguna ocasión?

415 ¿Qué entendemos por tiempo verbal?

416 ¿Hay, en español, otras clases de palabras que expresan tiempo? ¿Lo hacen de la misma manera que los verbos?

417 ¿Qué relación existe entre el tiempo verbal y el tiempo real?

418 ¿Sabrías decir a qué tiempo corresponde cada una de estas formas: *hablábamos, hablé, hablarás, hable, hablara, hablo*?

419 Si alguien dice *Lo pasamos muy bien juntos*, ¿en qué tiempo está hablando? ¿Cómo puede aclararlo?

420 Al decir *Todos los días me levanto a las siete*, ¿nos referimos, en realidad, al presente? ¿Qué valor temporal expresamos?

421 ¿Y si digo *El mar es muy grande*?

422 ¿Y cuando decimos *Esta tarde nos vemos*? ¿Qué forma podríamos usar en su lugar?

423 ¿Y en *La Revolución Francesa se produce en el siglo XVIII*? ¿Podemos sustituirla por otra forma verbal?

424 *Lavaba* y *lavé* son dos formas de pasado. ¿Qué es lo que las distingue?

425 ¿Por qué decimos que *duermo* es un tiempo imperfecto o imperfectivo y que *he dormido* es perfecto o perfectivo?

426 ¿Puede, según esto, haber formas de presente perfectivas?

427 ¿Qué entendemos por formas compuestas?

428 ¿A qué modalidad aspectual pertenecen las formas compuestas?

429 ¿En qué se distinguen *hablaba* de *había hablado*, *hablé* de *hube hablado*, *hablaré* de *habré hablado*?

430 ¿Se puede construir una oración con *habré terminado*, sin otro verbo? Demuéstralo con un ejemplo y di qué valor daría el verbo a dicha oración.

431 *Pensé* y *he pensado* son dos formas de pasado perfecto. ¿Cuándo se usa cada una de ellas?

432 ¿Qué entendemos por modo verbal?

433 En *Manuela me quiere* y en *Quizá Manuela me quiera,* las dos formas verbales son de presente. ¿Qué diferencia ves entre ellas?

434 Compara estas dos oraciones: *Siempre que nos veíamos, charlábamos un rato. Me dijo que, cuando nos viéramos, charlaríamos un rato.* Tanto *veíamos* como *viéramos* son pretérito imperfecto. ¿Por qué usamos una forma en un caso y otra en el otro? ¿Qué es lo que las diferencia?

435 En la oración *Cuando llegaré, iré a verte,* la forma *llegaré* no es la adecuada, a pesar de referirnos al futuro. ¿Por qué?

¿Qué matices modales manifiesta *llegue* en cada uno de los siguientes casos?

436 *Tal vez llegue a tiempo.*

437 *Ojalá llegue a tiempo.*

438 *Es preciso que llegue a tiempo.*

439 En la conocida frase *Si lo sé, no vengo,* ¿qué valor tienen, realmente, los presentes *sé* y *vengo*?

440 Si entramos en una tienda y el dependiente nos dice *¿Qué deseaba usted?,* ¿qué valor adquiere el imperfecto *deseaba*?

441 Cuando alguien dice *¿Será posible?,* ¿*será* tiene realmente valor de futuro? ¿Qué es lo que manifiesta?

442 ¿Y en una oración como *En este momento serán las diez menos cuarto*?

443 ¿Cuál es el valor del condicional en *Por aquel entonces yo tendría veinte años*?

444 Compara estas dos oraciones: *Será muy lista, pero no lo parece. Sería muy lista, pero ya no lo es.* ¿Qué tienen en común *será* y *sería*? ¿En qué se diferencian?

445 En el refrán *Adonde fueres haz como vieres,* ¿cuál es la forma verbal que aparece? ¿Tiene vigencia su uso en el español actual?

446 ¿Para qué sirve el imperativo?

447 ¿Cuál es la variante negativa de *cállate*? ¿Se emplea la misma forma verbal?

448 ¿Se puede expresar el valor de mandato con formas que no sean el modo imperativo?

449 ¿Decimos lo mismo con *Manuel preparó la comida* que con *La comida fue preparada por Manuel*?

450 ¿Qué es lo que diferencia formalmente las dos oraciones anteriores?

451	¿Qué entendemos, según lo anterior, por voz verbal?
452	Pon en pasiva la oración *Los diputados firmaron el acuerdo*.
453	Inténtalo ahora con esta otra: *Los diputados llegaron a un acuerdo*. ¿Qué dificultad encuentras?
454	Y también con esta: *Mi padre tiene un barco*. ¿Es posible hacerlo?
455	¿Es pasiva la construcción *Próximamente se abrirá al tráfico la nueva autovía*?
456	¿Sabes qué nombre recibe y cómo se construye?
457	¿Qué se usa más, la pasiva con *ser* y participio o la pasiva refleja?
458	Cuando decimos que *enseñará* es tercera persona, singular, futuro imperfecto de indicativo, activa, ¿a qué morfema corresponde cada una de las características señaladas?
459	¿Puedes decir el tiempo y el aspecto de *hablo, habré hablado* y *hablara*?
460	¿El número y la persona de *sigan, seguimos* y *seguid*?
461	¿El modo y el aspecto de *seamos, seréis* y *fuiste*?
462	¿El tiempo y la voz de *habrán visto, has sido visto, son vistos*?
463	Sustituye las siguientes formas verbales por otras en las que cambien solamente el modo y el tiempo, manteniendo los demás morfemas: *volveré, volvamos, habían vuelto*.
464	Ahora el tiempo y el aspecto de *salgo, habrás salido, salieran*.
465	Ahora la voz y el modo de *seáis recibidos, recibíamos, he recibido*.
466	El número y la persona de *cambiaré, serían cambiados, cambiáremos*.
467	¿En qué dos morfemas se diferencian *tenías* y *tuviera*?
468	¿Y *tengo* y *tendremos*?
469	¿Y *hablad* y *hablaréis*?
470	¿Y *ha sido comprado* y *han comprado*?
471	¿Y *esperabas* y *habrás esperado*?
472	Las formas *hablo, hablé* y *hablaré* son regulares. En cambio, *puedo, pude* y *podré* son irregulares. ¿Puedes explicar por qué?

Preguntas

A continuación proponemos una serie de formas irregulares. En todas ellas debes decir cómo sería si fuera regular y, en consecuencia, qué es lo que cambia.

473	*Tengo*
474	*Dije*
475	*Durmiera*
476	*Tendríamos*
477	*Hecho*
478	*Produzcamos*
479	*Sigo*
480	*Quepo*
481	¿Qué forma elegirías en los siguientes casos: *amoblar* o *amueblar*, *adestrar* o *adiestrar*, *engrosar* o *engruesar*?
482	¿Son correctas las formas *yo abolo*, *yo acaezco* y *yo ataño*? ¿Por qué o por qué no?
483	Elige la adecuada en cada caso: *rumio* o *rumío*, *ansio* o *ansío*, *hastio* o *hastío*, *vario* o *varío*, *me extasio* o *me extasío*, *adecuo* o *adecúo*.
484	¿Es correcto *Cuando estoy nervioso, balbuzco un poco*?
485	Elige las formas adecuadas: *concebiré* o *concibiré*, *bendeciría* o *bendiría*, *adhirió* o *adherió*?
486	¿Cuál es el presente correcto de *yacer*: *yazco*, *yazgo* o *yago*?
487	¿Dirías *restrego* o *restriego*, *plego* o *pliego*, *mezo* o *mezco*?
488	¿*Preveer* o *prever*, *previendo* o *preveyendo*?
489	¿*Gemiera* o *gimiera*, *concirniere* o *concerniere*?
490	¿*Descollo* o *descuello*, *pudriera* o *podriera*?
491	¿Es correcto *He freído un huevo*?
492	¿Qué es preferible, *Se ha impreso un libro* o *Se ha imprimido un libro*?
493	¿Y ahora: *Me he proveído de un buen chubasquero* o *Me he provisto de un buen chubasquero*?
494	¿Cuál es el participio de *absolver*: *absuelto* o *absolvido*?

495	¿Y el de *eximir: eximido* o *exento*?
496	¿Y el de *sepultar: sepultado* o *sepulto*?
497	¿Y el de *ver: veído* o *visto*?
498	¿Qué diferencia de significado hay entre decir *yo asolo* y *yo asuelo, yo atento* y *yo atiento, yo aposto* y *yo apuesto*? Ten en cuenta que todas las formas son correctas.
499	En la oración *Ayer hablemos mucho rato* está claro que la forma verbal es incorrecta, pero ¿puede haber alguna razón para que algunas personas lo digan así?
500	¿Por qué dicen los niños cosas como *apreto* y *juegamos*?
501	¿Y por qué dicen algunas personas *Dame lo que haiga*?
502	Mejora esta expresión: *El asiento es muy estrecho, no cojo en él.* ¿Qué es lo que está mal?
503	Si alguien dice *Ves a avisarla*, ¿le corregirías algo?
504	¿Es correcto *Espero que esto solucionará tu problema*?
505	¿Y esta otra oración: *No estoy segura de que he aprobado*?
506	¿Y esta: *Si no ha venido será porque esté cansada*?
507	Una más: *Chica, no sé qué te diga.*
508	Es frecuente que los vascos y los navarros digan cosas como *Si no vendría, iría a buscarla*. ¿Qué error están cometiendo?
509	¿Hay que corregir algo en *Los que hayan terminado podéis salir*?
510	¿Qué es lo que falla en *Manuel llegó de viaje a las ocho y enseguida coge un taxi y se dirige a su casa*?
511	¿Y en esta otra: *Hace como dos meses que no he ido a cortarme el pelo*?
512	¿Y en esta: *Me gustaría que haya trabajo para todos*?
513	¿Ves algún fallo en la que sigue: *Hace dos años he realizado un viaje a Egipto*?
514	Vamos ahora con el infinitivo. ¿Está bien usado en *Poneros todos en pie*?
515	Cuando un locutor dice: *Por último, informarles de que se ha producido un accidente en la carretera de Villalitros*, ¿qué error ha cometido en el uso de los verbos?
516	¿Es correcta una frase de despedida como *Hasta mañana. Pasarlo bien*?

517 ¿Qué ocurre en *Hace por lo menos un año que ni fumarme un cigarrillo*?

518 Arregla esta oración: *No sabes cuánto me alegro de habernos visto después de tanto tiempo.*

519 ¿Hay alguna forma de expresar mejor *Si fuera mío, ni dudarlo*?

520 ¿Y esta otra construcción: *Seguiría comprándole regalos aunque me gastara todo mi dinero y ella sin hacerme caso*?

521 Ahora le toca al gerundio. ¿Por qué no está bien empleado en *A Robustiano le tocó la lotería, haciéndose rico de la noche a la mañana*?

522 ¿Qué corregirías en este anuncio: *Se necesita contable teniendo cuatro años de experiencia*?

523 ¿Está bien empleado en *Acabo de ver a Milagros paseando a su perro*?

524 ¿Percibes algo extraño en *Ayer me encontré a Felipe yendo a comprar el pan*?

525 ¿Cómo mejorarías *Marianito fue castigado por su madre, dejándole una semana sin paga*?

526 ¿Qué te parece una construcción como *A esa chica la conozco siendo estudiantes en el instituto*?

527 ¿Hay alguna incorrección en *Por entonces debía tener yo once años*?

528 ¿Y en *No debes de hablar con desconocidos*?

529 ¿Y cuando oímos en un programa de deportes *El equipo viene de ganar en las tres últimas jornadas*?

530 Arregla un poco esto: *A cierta edad se echan a faltar los amigos de antaño.*

531 Y esto también: *Ella venga de hablar, y yo sin hacerle caso.*

532 ¿Te parece adecuada la construcción *Finalmente, el equipo logró conseguir su objetivo de permanecer en primera*?

533 ¿Qué es preferible, *Acabo de desayunar* o *Acabo de desayunarme*?

534 ¿Es correcto *El niño se antojó de una bicicleta de carreras*?

535 ¿Qué es mejor: *No me recuerdo de nada* o *No me acuerdo de nada*?

536 ¿Cómo se podría mejorar la construcción *Pablo se ha copiado de Nemesio*?

537 ¿Son válidas estas dos oraciones: *Me apetece una ensalada* y *Se me apetece una ensalada*?

538	¿Y estas dos: *Hemos topado con muchas dificultades* o *Nos hemos topado con muchas dificultades*?
539	¿Hay que corregir algo cuando leemos u oímos *La policía ha incautado veinte kilogramos de cocaína*?
540	¿Está bien *Pitirri ha recuperado perfectamente de su esguince de tobillo*?
541	Elige: ¿*Sus palabras no compaginan con las de su jefe* o *Sus palabras no se compaginan con las de su jefe*?

¿Quién no ha tenido nunca un problema con una **preposición**?

542	¿Sabes para qué sirven las preposiciones? Fíjate en ejemplos como *Caja **de** cartón* y *Camina **por** el campo*.
543	¿Recuerdas la lista tradicional de las preposiciones?
544	¿Qué clases de palabras o de grupos de palabras suelen ser introducidos por las preposiciones?
545	¿Cuál es el significado de las preposiciones? ¿Se refieren a algún tipo de realidad fuera del lenguaje?
546	¿Tienen variación de género y número las preposiciones? ¿Puedes decir el masculino y femenino, singular y plural de, por ejemplo, *ante*, *bajo*, *con*, *entre* y *hacia*?
547	¿Conoces el significado de la preposición *cabe*? ¿La has usado alguna vez?
548	¿Y la preposición *so*?
549	¿Actúa *so* como preposición en expresiones como *¡So canalla!* y *¡So, caballo!*?
550	Existen locuciones prepositivas integradas habitualmente por adverbios y preposiciones: *encima de*, *detrás de*, *junto a*… ¿Cumplen la misma función que las preposiciones?
551	¿Puede ser la palabra *excepto* una preposición? Razónalo basándote en este ejemplo: *Todos se reían, excepto la suegra*.
552	¿Pueden serlo *menos* y *salvo*? Demuéstralo con algún ejemplo.
553	¿Qué indica la preposición *a* en esta oración: *Se encaminó a la plaza*?
554	¿Y en esta otra: *Se cena a las nueve*?

555 ¿Y en esta: *Le puso un ojo a la funerala*?

556 ¿Y ahora: *Tengo que irme a acabar un trabajo*?

557 ¿Y en la que sigue: *Los tomates están a dos euros*?

558 ¿Te animas con esta: *Es un dibujo hecho a carboncillo*?

559 ¿Y con ésta: *Valdemorillo está de aquí a cuarenta kilómetros*?

El complemento directo puede llevar la preposición *a* o no llevarla. Suele decirse que, en general, la lleva cuando es de persona y no la lleva cuando es de cosa, pero los casos particulares y las excepciones son multitud. Por eso te vamos a proponer parejas de ejemplos (cuestiones 560-567), con preposición y sin ella, para que elijas la adecuada en cada caso e intentes explicar el porqué de tu elección. Señala también si en algún caso valdrían ambas opciones.

560 ¿*El equipo necesita un delantero centro* o *El equipo necesita a un delantero centro*?

561 ¿*El equipo necesita su portero titular* o *El equipo necesita a su portero titular*?

562 ¿*Temía la venganza del brujo* o *Temía a la venganza del brujo*?

563 ¿*Hay que salvar las especies en peligro de extinción* o *Hay que salvar a las especies en peligro de extinción*?

564 ¿*Amaba los deportes de riesgo* o *Amaba a los deportes de riesgo*?

565 ¿*Hay que defender los desvalidos* o *Hay que defender a los desvalidos*?

566 ¿*Hay que defender la enseñanza pública* o *Hay que defender a la enseñanza pública*?

567 ¿*Este verano he visitado Roma y París* o *Este verano he visitado a Roma y a París*?

568 ¿Qué diferencia hay, basada en el uso de la preposición *a*, entre *Amo las rosas rojas* y *Amo a Rosa María*?

569 ¿Y entre *Quiero una falda nueva* y *Quiero a mi novio*?

570 ¿Qué elegimos, *Me gusta jugar fútbol de vez en cuando* o *Me gusta jugar al fútbol de vez en cuando*?

571 ¿Es correcta la expresión *Va haber que empezar de nuevo*?

572 ¿Cómo dirías, *Voy a por una taza de café* o *Voy por una taza de café*?

573 ¿Cambiarías algo en *Hay a veces que no sé ni lo que estoy haciendo*?

574 ¿Qué elegirías, *El mes que viene lo más tardar* o *El mes que viene a lo más tardar*?

MIL preguntas y respuestas de Lengua Española

575	¿Y en este: *Cogió desprevenidos a todos, incluidos los propios policías* o *Cogió desprevenidos a todos, incluidos a los propios policías*?
576	Elige de nuevo: *Gracias que ha tenido suerte, que si no...* o *Gracias a que ha tenido suerte, que si no...*
577	¿Te parece correcta la construcción *Después de cinco semanas, continúa a encabezar la lista de éxitos*? Intenta mejorarla.
578	¿Significa lo mismo *Me mandó a buscar el periódico* que *Me mandó buscar el periódico*?
579	¿Qué es más correcto, *Acostumbro a leer un rato todas las noches* o *Acostumbro leer un rato todas las noches*?
580	Mejora esta construcción: *Quedan todavía muchas cuestiones a tratar*.
581	Y esta otra: *El partido a disputar el miércoles puede resultar entretenido*.
582	Y esta: *Esa es una incógnita a despejar*.
583	¿Se podrían decir de otra manera *televisor a color, avión a reacción* y *cocina a butano*?
584	¿Y estas otras expresiones: *champiñones a la crema, riñones al Jerez* y *macarrones al romero*?
585	¿Qué es lo correcto, *Meterse a monja* o *Meterse monja*?
586	¿Estamos utilizando la preposición adecuada en *Esto hay que resolverlo **a** la mayor brevedad*?
587	¿Y en *No he tenido tiempo ni a prepararme un bocadillo*?
588	¿Y ahora: *Se metía mucho con la gente, al punto de que ya nadie lo aguantaba*?
589	¿Es la mejor expresión posible *Ha venido todo el rato a 140 km a la hora*?
590	¿Y esta otra: *Ganó la pelea a los puntos*?
591	¿Qué te gusta más, *Poner los garbanzos a remojo* o *Poner los garbanzos en remojo*?
592	¿Está bien dicho *En comparación a otros, es listísimo*?
593	Para comprobar el significado de la preposición *ante*, sustitúyela por una locución preposicional en *Lo tenía ante sus ojos*.
594	¿Es correcto el uso de *ante* en *Mañana se enfrenta el Valdeconejos ante el Villacantos*?
595	¿En cuál de los dos casos la palabra *bajo* es preposición: *El hombre que está bajo la higuera es bajo*?

Preguntas

596	Sustituye *bajo* por la locución correspondiente: *Se escondió bajo la cama.*
597	¿Es correcto el uso de *bajo* en *Se llevará a cabo bajo la base de un plan establecido previamente*?
598	¿Qué significado aporta *con* en este caso: *La limpieza de los baldosines se comprueba con un algodón*?
599	¿Y en este: *Actuó con verdadera profesionalidad*?
600	¿Y en este otro: *Alberto José comió ayer con sus padres*?
601	¿Y ahora: *Necesito un cubo con arena*?
602	¿Qué aporta esta vez: *¡Con lo lista que es mi hija y la han suspendido!*?
603	¿Es *con* la mejor preposición posible en *Esa es la manera con que actúa siempre*?
604	¿Y en esta otra construcción: *Se aprobó la enmienda con ningún voto en contra*?
605	¿Y en esta: *Sus aficiones son afines con las de su marido*?
606	Sustituye la preposición *contra* por la locución correspondiente: *Siempre estaré contra ciertas actuaciones políticas.*
607	Si oyeras decir a alguien *Contra más se lo digo, menos caso me hacen*, ¿dirías que ha hablado bien?
608	¿Estamos usando la preposición más adecuada en *No hace más que quejarse **contra** todo*?
609	¿Qué es preferible, *en contra de él* o *en contra suya*?
610	¿Qué indica la preposición *de* en *Una botella de sidra*?
611	¿Y en *Estoy leyendo una novela de aventuras*?
612	¿Y en *Tengo una cazadora de cuero*?
613	¿Indica lo mismo en *La camisa de Anselmo* que en *El pueblo de Anselmo*?
614	¿Qué indica en *Casi me da un soponcio de la sorpresa*?
615	¿Y en *El dibujo te ha salido de pena*?
616	¿Y en *Es una persona de buen carácter*?
617	¿Es correcta la expresión *Le rogué de que tuviera cuidado*?
618	¿Y esta otra: *Me gustaría de que me hicieras caso por una vez*?

MIL preguntas y respuestas de Lengua Española

619 ¿Es defectuosa alguna de estas oraciones: *Insistió hasta tal punto de que acabó con mi paciencia. Insistió hasta tal punto que acabó con mi paciencia?*

620 ¿Cómo dirías, *Estoy deseando que llegue el verano* o *Estoy deseando de que llegue el verano?*

621 ¿Y ahora: *Se le ha metido en la cabeza de irse al extranjero* o *Se le ha metido en la cabeza irse al extranjero?*

622 ¿Damos por buena la expresión *Yo de ti me quedaría en casa?*

623 ¿Y esta otra: *Si yo fuese de Andrea, no saldría con él?*

624 Di qué es lo adecuado: ¿*Estoy seguro que todo va a mejorar* o *Estoy seguro de que todo va a mejorar?*

625 ¿Qué es más correcto, *La calle Velázquez* o *La calle de Velázquez?*

626 ¿Son correctas estas dos construcciones: *El guardia advirtió que alguien merodeaba por allí. El guía advirtió a los turistas de que el museo cerraba a las ocho?*

627 ¿Y estas otras: *Cuida que no entre nadie en el jardín. Cuida de que no entre nadie en el jardín?*

628 ¿Y estas: *Dudo que algún día llegue a enterarse. Dudo de que algún día llegue a enterarse?*

629 Veamos dos más: ¿*Hacía tiempo que no venías por aquí* o *Hacía tiempo de que no veías por aquí?*

630 ¿*Me ha costado mil y pico euros* o *Me ha costado mil y pico de euros?*

631 ¿*Tengo la impresión que no sabe por dónde anda* o *Tengo la impresión de que no sabe por dónde anda?*

632 ¿*No cabe duda de que tenías razón* o *No cabe duda que tenías razón?*

633 ¿*No te das cuenta que te equivocas?* o ¿*No te das cuenta de que te equivocas?*

634 ¿*Depende para qué sea* o *Depende de para qué sea?*

635 ¿Qué es preferible, *Nos vemos en veinte minutos* o *Nos vemos dentro de veinte minutos?*

636 ¿Y ahora: *Ocurrió el jueves por la tarde* u *Ocurrió el jueves en la tarde?*

637 Habrás oído a menudo una expresión como esta: *El equipo ha jugado en campeón.* ¿Te parece acertada o se puede decir de un modo más correcto?

638 ¿Falta algo aquí: *Fíjate Manolo, qué cogorza se ha cogido?*

Preguntas

639 ¿Y en esta oración: *Cuanto que amanezca, nos vamos*?

640 ¿Es correcto decir *Este abrigo me ha salido casi en balde*?

641 ¿Sirven estas dos expresiones: *En lo que se refiere al segundo apartado, no estoy de acuerdo. Por lo que se refiere al segundo apartado, no estoy de acuerdo*?

642 ¿Cuál es el significado habitual de la preposición *entre*?

643 ¿Qué indica en esta oración: *Manuel y Manuela se entienden bien entre sí*?

644 ¿Y en esta otra: *Entre los ejecutivos es habitual tener sueldos muy altos*?

645 ¿Y en esta: *No veo semejanza alguna entre ambos casos*?

646 ¿Es necesario mejorar esto: *Entre más le rogaba, menos caso le hacía*?

647 ¿Son adecuadas estas dos: *Entre que salimos o no, son las ocho. Mientras salimos o no, son las ocho*?

648 ¿Te gusta esta: *Entre Nina y entre Lola van a volverme loco*?

649 ¿Qué significado aporta la preposición *hacia* en cada una de estas construcciones: *Se encaminó hacia el teatro. El estreno será hacia el mes de mayo*?

650 ¿Se puede mejorar el uso preposicional en *Su actitud hacia los compañeros deja mucho que desear*?

651 ¿Qué indica *para* en *La función está para empezar*?

652 ¿Y en *Está para comérselo*?

653 ¿Cambiarías algo en *Una barra de pan me dura para dos días*?

654 ¿Y en *Raúl recupera la pelota y juega para Tristán*?

655 En las tres oraciones siguientes la preposición *por* aporta un significado locativo, pero ¿qué indica en cada caso? *Caminaba por la acera. Ese colegio está por el barrio de Argüelles. La sujetó por un brazo.*

656 En estas hace referencia al tiempo, pero ¿de qué manera lo hace en cada una? *Eso fue por los años 80. Me voy a Portugal por un mes.*

657 ¿Qué diferencia ves entre estos dos casos: *Fue detenido por ladrón. Fue detenido por los guardias*?

658 ¿Y entre estos otros: *Me lo enviarás por correo. Me lo enviarás por narices*?

659 ¿Y entre estos: *Estoy por ponerle una demanda. La demanda está por resolverse*?

660 ¿Qué indica en esta ocasión: *Ve arreglándote por que no se nos haga tarde*?

661 ¿Y ahora: *Como eran gemelos, uno hizo el examen por el otro*?

662 ¿Qué forma elegimos: *el sábado en la noche, el sábado a la noche, el sábado por la noche* o *el sábado noche*?

663 ¿Es correcto el uso de *por* en estas dos construcciones: *Finalmente, se decidió por prestar su colaboración. Finalmente, se decidió por el vestido rojo*?

664 ¿Está *por* bien usada en *No voy a responsabilizarme por ese desaguisado*?

665 ¿Y aquí: *Te has aficionado en exceso por las salidas nocturnas*?

666 ¿Y ahora: *Se obstinó por hacerse fontanero y lo consiguió*?

667 ¿Alguna de estas dos no es válida: *Me cogió por sorpresa. Me cogió de sorpresa*?

668 Vamos, ahora, con la preposición *sobre*. ¿Cuál es su significado habitual?

669 ¿Qué indica en *Eso costará sobre ochenta euros*?

670 ¿Y en *Últimamente se escribe mucho sobre el terrorismo*?

El uso de *sobre* se ha convertido en verdadero abuso por parte de muchos locutores y comentaristas deportivos. En las expresiones que siguen, está utilizada indebidamente. ¿Puedes sustituirla en cada caso por la preposición adecuada?

671 *Disparó sobre puerta y detuvo el portero.*

672 *Ha habido una dura entrada del defensa sobre el delantero.*

673 *Al final, el Orense se impuso sobre el Pontevedra por dos a uno.*

674 *Se va a lanzar la falta sobre el marco de Vicente.*

675 *El balón iba bien dirigido sobre los tres palos.*

676 *El extremo envió un extraordinario centro sobre el área.*

677 *La pelota se estrelló sobre el cuerpo del defensa.*

678 ¿Es *sobre* la preposición adecuada en *No voy a incidir sobre el mismo tema*?

679 ¿Aporta el mismo significado *tras* en *Uno tras otro*, que en *Tras malo, tonto*?

680 Elige: ¿*Tras el otoño viene el invierno* o *Tras del otoño viene el invierno*?

En todas las construcciones siguientes, la preposición en negrita puede ser sustituida por otra sin que cambie el significado ni se produzca incorrección alguna. ¿Puedes realizar la sustitución en cada uno de los casos?

Preguntas

681	Trataba de leer el periódico **a** la luz de una farola.	
682	Se dirigió a nosotros **en** tono amable.	
683	Todos se pusieron **en** pie.	
684	**Por** fin pudo llegar a su casa.	
685	Tenemos que hablar **de** ese tema.	
686	Estaré ahí **sobre** las cinco.	
687	Límpialo bien **de** ese lado.	
688	¿**Para** qué te han servido tus embustes?	
689	Aún están las camas **por** hacer.	
690	Acabo de encontrarme **con** Gerardo.	
691	Llevaba puesto un pijama **a** rayas.	
692	Acabo de pintar la barandilla **de** minio.	
693	¿**Con** qué motivo has faltado a clase?	
694	El ruido de la explosión llegó **al** centro de la ciudad.	
695	Echa las lentejas **a** la cazuela.	
696	La comida está **en** la mesa.	
697	He hecho lo que he podido **por** ayudarte.	
698	Respecto **a** ese asunto, no sé nada.	
699	Lo hizo **a** la vista de todos.	
700	Se afanaba **por** acabar a tiempo el trabajo encomendado.	
701	Me alegré mucho **de** su mejoría.	
702	Alimentaba a sus gallinas **con** maíz.	
703	Asó las chuletas **a** la parrilla.	
704	Hay quien se atreve **a** todo.	
705	Algunas enfermedades se contagian **por** la saliva.	
706	El animal disputaba **a** otros machos su territorio.	

MIL preguntas y respuestas de Lengua Española

En los ejemplos que siguen tienes que elegir la preposición correcta.

707	Llevaba un rato aguardando **a/por** su novia.
708	El Fuenlabrada aventaja al Mataró **de/en/por** ocho puntos.
709	Estaba calentándose **en/a** la lumbre.
710	El Gobierno se ha comprometido **a/en** abaratar la vivienda.
711	Estaba muy concentrado **con/en** la lectura de un libro.
712	Confiaba **en/de** sacar adelante la empresa.
713	Por fin consintió **a/en** cortarse el pelo.
714	Se contrapusieron los gastos **con/a** los ingresos.
715	Todavía convalece **en/de** su última enfermedad.
716	En el reparto correspondieron veinte acciones **para/a** cada socio.
717	Cotejó la copia **al/con** el original.
718	Su creatividad degeneró **a/en** pura rutina.
719	Derramó casi toda la leche **a/por** el suelo.
720	Ni siquiera entonces se dignó **a** hablarme / se dignó **de** hablarme / se dignó hablarme / se dignó **en** hablarme.
721	Había decidido dimitir **en/de** todos sus cargos.
722	Lo siento, pero discrepo **con/de** tu opinión.
723	La gaviota tenía las alas embadurnadas **de/con** alquitrán.
724	El Crevillente empató **con** el Alcoy / ...le empató **al** Alcoy.
725	Especulaba **en/con** la posibilidad de cambiar de profesión.
726	Había sido excluido **de/en** la lista de candidatos.
727	Estaba henchido **de/en** orgullo.
728	Había sido imbuido **de/en** ideas disparatadas.
729	Siempre conseguía imponer su punto de vista **sobre/a** los otros consejeros.
730	Quería inculcar **a/en** su hijo su forma de pensar.

Preguntas

731 Su situación económica se infiere **en/de** su tren de vida.

732 Acaba de ingresar **a/en** la Cofradía de los Cantamañanas.

733 Perseveró **con/en** su propósito de llegar hasta el final.

734 Manuel ha sido promovido **a/de** jefe de los conserjes.

735 Seguía pugnando **en/por** defender sus derechos.

736 El diseño rayaba **a/en** la perfección.

737 Recelaba **de/contra** algunos de sus colegas.

738 La ministra ha rehusado **hacer / a hacer / de hacer** declaraciones.

739 El maquinista ha sido relevado **de/en** sus obligaciones.

740 No sabía dónde resguardarse **contra/de** la ventisca.

741 El subsecretario fue repuesto **a/en** su cargo.

742 Hay políticos que no se responsabilizan **de/por** sus actuaciones.

743 La Unión Deportiva ha conseguido sacudirse **el dominio / del dominio** del Deportivo.

744 Simultanea los estudios **a/con** el trabajo.

745 Don César Mangante se sinceró al fin **a/con** su esposa.

746 Cada página está solapada **a/con** la siguiente.

747 Se subrogó **a/en** la hipoteca del piso que compró.

748 En esa película sale una mujer que se transfigura **a/en** pantera.

749 Estaba muy ufano **de/con** su nuevo coche.

750 Ungió sus dedos **con/en** aceite.

751 No tiene ningún control **con/de/en** la velocidad.

752 Lo que se produce en algunos programas televisivos es la exaltación **al/del** mal gusto.

753 No tengo inconveniente **de/en** aceptar sus sugerencias.

754 El jinete va a hacer un último intento **de/por** pasar el obstáculo.

755 Tenía gran interés **en/de/por** conocer a María Casilda.

756 No hizo ninguna mención **de/a** lo sucedido.

757	Tenemos una gran oferta **en/de** calcetines.
758	Se dio mucha prisa **en/de** acudir a la cita.
759	Casi todos mostraron su rechazo **a/por** las nuevas normas.
760	Ese trabajo no es adecuado **a/con** tu preparación.
761	Se ha convertido en una adicta **de/a** los programas basura.
762	Es una mujer muy avara **de/con** sus asuntos personales.
763	Su parcela es contigua **a/de** la nuestra.
764	Siempre quiso ser diferente **a/de/con** sus compañeras.
765	Esos precios son inaccesibles **para/a** la mayoría.
766	Es una persona merecedora **a/de** mayor consideración.
767	Son unos días propicios **de/a/para** un buen descanso.
768	El proyecto es susceptible **en/de** ser mejorado.

49

¿Podemos llamar *simple* a una *oración*?

769	¿Cuál de las dos oraciones siguientes es transitiva y cuál intransitiva: *Dionisio permaneció en casa. Dionisio sacó el perro a la calle*?
770	¿Puedes decir, según lo anterior, en qué se distingue un verbo transitivo de uno intransitivo?
771	Tenemos ahora dos oraciones con el verbo *cantar: Juanita Venturera canta muy bien. Juanita Venturera canta boleros.* ¿En cuál se comporta como transitivo y en cuál como intransitivo?
772	¿Es posible construir una oración transitiva con el verbo *salir*?
773	¿Y una intransitiva con el verbo *querer*?
774	Transcribimos a continuación una serie de oraciones que están mal construidas porque el régimen verbal, en relación con la intransitividad de los verbos, no ha sido usado debidamente. El error es el mismo en todos los casos. ¿Puedes decir en qué consiste? ¿Te sientes capaz, por otra parte, de reconstruir adecuadamente cada una de ellas?

Preguntas

775	¿Puedes decirme por qué me huyes a todas horas?
776	Es un jugador que persigue siempre la pelota y la lucha hasta el final.
777	Dicen que van a cesar al vicedirector.
778	Por favor, entren esa caja y déjenla ahí.
779	Por mucho que lo intenten, no conseguirán callarnos.
780	Las subidas de los impuestos siempre se repercuten sobre los precios de los productos básicos.
781	Los terroristas estallaron el artefacto ante la puerta del Ministerio.
782	En los próximos telediarios les informaremos las novedades que se vayan produciendo.
783	Es un tipo que no me acaba de simpatizar.
784	La policía incautó 40 kg de cocaína.
785	La ciudadanía urge al Ayuntamiento para que ponga en marcha el plan de seguridad.
786	No tengo paraguas, me lo he quedado en la oficina.
787	La cañería rota emanaba un olor apestoso.
788	Ese chico suena la guitarra acústica como nadie.
789	¿Dónde están los yogures? ¿Ya los habéis desaparecido todos?
790	Tengo que durar el sueldo todo el mes, y no es fácil.
791	¡Qué camiseta tan mona! Me la quedo.
792	Nada más llegar, nos obsequiaron unas bebidas y unos canapés.
793	No caigas el aceite, que vas a manchar el suelo.
794	Confío que alguna vez tengamos suerte.
795	Fíjate lo que ha crecido Fernandito.

En los ejemplos que siguen, aun tratándose de expresiones muy frecuentes, los verbos no están bien utilizados en relación con su carácter transitivo. Trata de explicar por qué y reconstruye las oraciones de manera que resulten correctas.

796	Por fin he conseguido contactar a un testigo.
797	El balón, tras el lanzamiento de la falta, rechazó en la pierna de un defensa.

MIL preguntas y respuestas de Lengua Española

798	La economía mundial atraviesa por un mal momento.
799	Como siempre, el Presidente rehusó de hacer declaraciones a la prensa.
800	Chica, yo alucino contigo.
801	Me quedo sin vacaciones, porque he suspendido las "mates" y la lengua.

Estas otras construcciones no se puede afirmar que sean incorrectas, pero sí poco elegantes. ¿Puedes mejorarlas?

802	El equipo ha jugado un gran juego en la primera parte.
803	A ver si te callas la boca de una vez.
804	Nuestro atleta corrió ayer la mejor carrera de su vida.
805	¿Por qué son incorrectas las dos oraciones siguientes? Intenta arreglarlas.
806	Esta mantelería nos fue obsequiada por mi tía Jacinta.
807	Esta medida cautelar ha sido obligada por las circunstancias.
808	¿Te parecen adecuadas las tres oraciones escritas a continuación? ¿Cómo suele decirse eso mismo habitualmente?
809	El nuevo disco de los Abejorros es querido por mí.
810	En aquella casa fuimos hartados de agasajos.
811	El animal fue matado por un rayo.
812	¿Por qué son incorrectas estas otras dos? Trata de mejorar cada una de ellas.
813	El caso va a intentar ser esclarecido por un especialista.
814	El fuego consiguió ser apagado por los bomberos.
815	¿Sabes qué curiosidad lingüística encierran estas dos oraciones: *Un día de estos tengo que ir a cortarme el pelo. Este verano el Ayuntamiento ha asfaltado setenta y cinco calles*?
816	¿Sabes qué es una oración atributiva o copulativa?
817	¿En cuál de estas oraciones es el verbo *ser* copulativo y en cuál no: *El concierto fue espléndido. El concierto fue en la plaza de toros*?
818	Te repetimos la pregunta con *estar*: *Los rosales están en el jardín. Los rosales están florecidos*. ¿En cuál de los dos se comporta como copulativo?

Preguntas

819	¿Qué diferencia de significado ves entre las dos oraciones siguientes: *El defensa central es torpe. El defensa central está torpe*?
820	¿Se puede decir *El mar está grande*? ¿Por qué o por qué no?
821	¿Por qué no es admisible *Mi tío está médico*?
822	¿Qué diferencia hay entre *Ha sido ingresado en el hospital* y *Ha estado ingresado en el hospital*?
823	¿Es una expresión acertada *Este cuadro se trata de una obra maestra*?
824	¿Por qué no está bien *La causa de la lluvia se debe a los vientos húmedos*?
825	¿Cambiarías algo en *Para predecir el tiempo hay los meteorólogos*?

¿Hay **coordinación** en la lengua?

826	¿Sabes qué se entiende por coordinación?
827	¿Hay algo que no está bien en *Julio y Irene son novios*?
828	¿Y en esta: *¿Y Iñigo? ¿Dónde ha ido?*
829	¿Es correcto *El camino estaba lleno de agua y hielo*?
830	¿Damos por bueno *Ya está bien de tanto murmurar ni de tanto quejarse*?
831	¿Qué habría que cambiar, en lo referente a las conjunciones, para mejorar este párrafo: *Ella quería salir, y yo no tenía gana, y al final se cabreó y se fue a la cama y no me dirigió la palabra en todo el día siguiente, y tuve que irme solo a dar una vuelta!*
832	¿Deberíamos cambiar algo en *Tanto unos y otros hacen lo que pueden*?
833	¿Está bien *Este año hemos obtenido unos beneficios de un millón y trescientos mil euros*?
834	¿Cambiarías algo en *Solo tiene diez o once años*?
835	¿Estamos usando la conjunción adecuada en *Es increíble que haya marcado un solo gol un equipo que ha jugado con una delantera formada por Figo, Raúl, Zidane **o** Ronaldo*?
836	¿Cuál de las dos es correcta, *No tengo hambre, sino sueño* o *No tengo hambre, si no sueño*?

MIL preguntas y respuestas de Lengua Española

837	¿Puedes mejorar, de dos maneras diferentes, la oración *El viaje durará entre siete a ocho días*?
838	¿Te atreves a hacer lo mismo con esta: *Finalmente, se llegó a un acuerdo entre el presidente con los consejeros*?
839	¿Falla algo aquí: *Fue y volvió de Londres en el mismo día*?
840	¿Y aquí: *No sé los que van a venir y quiénes no*?
841	¿Qué cambiarías en esta: *Ha estado a punto de rodar por el suelo sin llegar a caerse*?
842	¿Observas alguna diferencia de significado entre *Dice que se ha puesto malo; **o sea**, se ha quedado dormido* y *Dice que se ha puesto malo; **o sea, que** se ha quedado dormido*?
843	¿Es admisible *Por ahí andan sueltas cinco fieras, o sean, mis sobrinos*?

¿Es propio de una oración ser **subordinada**?

844	¿Sabes en qué se diferencia la subordinación de la coordinación?
845	¿Está bien construida esta oración: *No conviene hagas demasiadas cosas a la vez*?
846	¿Y esta otra: *Le pregunte que qué le habían comentado acerca de mí*?
847	¿Es correcto decir *¡Qué bueno que está el helado!*?
848	¿Y esto otro: *Yo no soy de hablar mucho con los desconocidos*?
849	¿Qué es preferible, *Les ruego me envíen el pedido lo antes posible* o *Les ruego que me envíen el pedido lo antes posible*?
850	¿Y en este caso: *Me pidió que, si podía, que le llevara una carta al correo* o *Me pidió que, si podía, le llevara una carta al correo*?
851	¿Te parece aceptable *Ese es capaz que no se presenta al examen*?
852	¿*En cuanto que me vista voy a buscarte* o *En cuanto me vista voy a buscarte*? ¿O valen las dos?
853	¿En qué se distingue desde el punto de vista sintáctico *Es tan fuerte que puede derribar una puerta* de *Es tan fuerte como un toro*?
854	¿Está bien esta construcción: *Es una pena tener que irnos, tan bien que lo estábamos pasando*?

855	¿Qué es lo correcto, *No es una sentencia justa, por cuanto que deja en libertad a los verdaderos culpables* o *No es una sentencia justa, por cuanto deja en libertad a los verdaderos culpables*?
856	¿Alguna de estas oraciones no es válida: *Hay más público que el que cabía esperar. Hay más público del que cabía esperar*?
857	¿Y de estas otras: *Lo mismo ríe como llora. Lo mismo ríe que llora*?
858	¿Y de estas: *No pueden vivir igual los que tienen medios a los que no los tienen. No pueden vivir igual los que tienen medios que los que no los tienen*?
859	¿Es correcta la siguiente: *Es preferible que te enseñen a hacer las cosas que que te las den hechas*?
860	Elige una de las dos: ¿*En mi vida he visto a nadie más despistado que tú* o *En mi vida he visto a nadie más despistado que a ti*?
861	¿Es incorrecta alguna de estas dos construcciones: *El flan está tan rico o más que las natillas. El flan está tan rico como las natillas o más*?
862	¿Qué es preferible, *Ojalá tengas suerte* u *Ojalá que tengas suerte*?
863	¿Falta algo en *Se quedó triste que parecía que iba a llorar*?
864	¿Puedes convertir esta relación causal en consecutiva: *Ha visto el museo completo porque ha estado toda la tarde en él*?
865	¿Damos por buena *De que se enteró de lo sucedido, intentó poner remedio a toda costa*?
866	¿Y esta: *Solo empezar la función, la gente comenzó a silbar*?
867	¿Y esta otra: *Enseguida que termine esta página, nos vamos a dar una vuelta*?
868	¿Qué te parece *En llegado que lleguemos, encenderemos el fuego en la chimenea*?
869	¿Por qué no es correcta la típica definición escolar *Un altímetro es cuando sirve para medir las alturas*?
870	¿Qué opción elegimos, *Una vez te decidas, no podrás volverte atrás* o *Una vez que te decidas, no podrás volverte atrás*?
871	¿Hay aquí algo anómalo: *Aunque se vaya y que no vuelva nunca, yo siempre la recordaré*?
872	¿Y aquí: *Ya está todo dicho, de modo es que vamos a dejarlo*?
873	¿Y en esta: *La escucharé a condición que sea breve*?

874	¿Ves alguna incorrección en *No llegó a tiempo, no obstante de haberse dado prisa*?
875	¿Y en *A la que le entre el primer saque, seguro que gana el partido*?
876	¿Tiene *aunque* el mismo valor en *Podría ser mi primo, aunque no lo es*, que en *No lo reconocería aunque fuera mi primo*.
877	¿Tiene el mismo valor *como* en *Como no te des prisa, no te espero* que en *Como no te diste prisa, no tuve que esperarte*?
878	¿Tiene el mismo *cuando* en *Cuando lo hizo, por algo sería* que en *Cuando lo hizo, todos estuvieron de acuerdo*?
879	¿Y el gerundio en *Hablando se entiende la gente* que en *Eso lo solucionamos tú y yo hablando tranquilamente*?
880	¿Para qué se utiliza *que* en, *Don Julián, que le llaman por teléfono*?
881	¿Y en *Suerte, que vaya todo bien*?
882	¿Y en *No decía más que tonterías: que si esto, que si lo otro, que si lo de más allá*?
883	¿Cuál es la función de *pues* en *Pues resulta que no sé dónde he dejado las llaves*?
884	¿Y en *¿–Seguro que no lo has visto? –Pues no señor, no lo he visto*?
885	Trata de explicar qué hace *pero* en *¡Pero bueno, esto no hay quien lo aguante!*
886	¿Y en *Tú tienes mucha cara, pero mucha*?
887	En expresiones como *¿Qué dices? Si yo no he sido*, ¿por qué usamos *si*?
888	En *–¿De modo que se lo dijiste tú? –Y volvería a decírselo*, ¿qué hace *y*?
889	Explica la aportación de *conque* en *¿Conque esas tenemos*?

¿Qué relacionan los **relativos** y qué preguntan los **interrogativos**?

890	¿Sabes cuáles son los pronombres relativos?
891	¿Puede tener el relativo *que* variación de género y número?
892	¿Tiene *quien* femenino y plural?
893	¿Cómo se forma el femenino de *cual*?

894 ¿Puede llegar a tener *cual* todas las variantes de género y número?

895 ¿Puedes indicar las de *cuyo*?

896 ¿Y las de *cuanto*?

897 ¿Existe un neutro de alguno de los relativos?

898 ¿Sabes qué tipos de proposiciones subordinadas introducen los relativos?

899 ¿Qué diferencia de significado hay entre estas dos oraciones: *Los árboles que han sido podados crecerán con más fuerza. Los árboles, que han sido podados, crecerán con más fuerza*?

900 Fíjate en estas dos construcciones: *Me dijo **que** no la esperara. Me dijo unas palabras **que** apenas tenían sentido*. ¿En cuál de los dos casos *que* es relativo y en cuál conjunción?

901 Se dice que el relativo cumple a la vez dos funciones gramaticales. ¿Puedes decir cuáles son apoyándote en la oración *En la esquina hay un hombre **que** vende lotería*?

902 ¿Sabes a qué se llama **antecedente** del relativo? ¿Puedes indicar cuál es en la oración anterior?

903 ¿Tienen siempre antecedente expreso los relativos?

904 Te proponemos dos oraciones: *Don Braulio vive en un pueblo. Ese pueblo se llama Villacirios*. ¿Puedes unirlas en una sola mediante un relativo?

905 Trata de hacer lo mismo con estas otras dos: *Doña Tecla tiene una amiga. Doña Tecla juega a las cartas con una amiga*.

A continuación tenemos varias oraciones en las que aparece el relativo *que*. Intenta en todos los casos resolver estas dos cuestiones: ¿Es una construcción correcta o incorrecta? En el caso de que sea incorrecta, ¿puedes sustituirla por la correcta?

906 *Llegó un individuo que nadie le conocía.*

907 *Tengo una tía que nada le parece bien.*

908 *Mira, esos son los tebeos con que me entretenía de pequeño.*

909 *El Retiro es el parque que más me gusta ir.*

910 *Es un tipo que se ríe todo el mundo de él.*

911 *Fue condenado por unos delitos que había sido acusado de ellos.*

912 *Eso sucedió en el día que acabé el bachillerato.*

913 ¿Qué es lo que está mal en esta oración: *No me gusta con el chico que sales*?

914 ¿Y en esta otra: *No recuerdo en la calle en que viven*?

915 ¿En qué consiste el error de esta: *La semana pasada estuve en un pueblo que son quince vecinos*?

916 ¿Y el de esta: *Se pasó la noche roncando, que no me dejó dormir*?

917 ¿Te parece adecuada esta oración: *Hay algunas películas que cualquiera de ellas puede dormirte*?

918 Existe un vicio lingüístico que algunos llaman "quesuismo". Intenta explicar en qué consiste mediante el siguiente ejemplo: *Voy a un dentista que su consulta está en la calle de Perales.*

919 ¿Puedes arreglar la oración anterior de manera que resulte gramaticalmente correcta?

920 ¿Es mejorable esta otra: *Hay algunas personas que en su casa no entra nadie*?

921 ¿Y esta: *Es un equipo que la defensa es una calamidad*?

922 ¿Falta o sobra algo aquí: *Tengo una amiga que la llevaría conmigo a todas partes*?

923 ¿Qué es preferible, *Hay gente a la que debo mucho* o *Hay gente a la que le debo mucho*?

924 Esto se puede decir mejor: *Tengo un hijo que no sé que hacer con él*. ¿Cómo?

925 ¿Qué diferencia hay entre *Esa es la chica de que te hablé* y *Esa es la chica de la que te hablé*?

926 ¿Y entre *Tengo una moto sin la que no soy capaz de desplazarme* y *Tengo una moto sin que no soy capaz de desplazarme*?

927 ¿Te parece correcta esta construcción *Por robar fue que lo detuvieron*? ¿Cómo podríamos mejorarla?

928 ¿Y esta otra: *Lo que no estoy de acuerdo es con lo de ir al cine*?

929 ¿Y esta: *Fue el martes pasado que se murió el canario*?

930 ¿Dejarías esta oración tal como está: *Viajábamos en un barco el cual se movía muy lentamente*?

931 ¿Es preferible, en este caso, una a la otra: *Me llevaron a un colegio en el que estuve tres años. Me llevaron a un colegio en el cual estuve tres años*?

932 ¿Por qué no es correcto *Mi vecino tenía un perro, el cual perro no paraba de ladrar*?

Preguntas

933	¿Y esto otro: *Yo no estoy de acuerdo con él, pero lo cual no quiere decir que no tenga razón*?
934	¿Hay aquí algo que no debería haberse empleado: *Estábamos todos muy animados; lo cual que nadie quería irse a dormir*?
935	¿Qué escogerías, *Tengo un compañero, el padre del cual es ebanista* o *Tengo un compañero cuyo padre es ebanista*?
936	¿Qué falla aquí: *Sean cual sean tus problemas, cuenta conmigo*?
937	¿Hay algún error en *Ha sido la lluvia quien ha impedido que se jugara bien al fútbol*?
938	¿Son correctas estas dos construcciones: *Blas, que no había hecho nada, cargó con la culpa. Blas, quien no había hecho nada, cargó con la culpa*?
939	¿Sabes en qué se diferencia funcionalmente el relativo *cuyo* de los demás relativos?
940	¿Por qué no es correcto el uso de *cuyo* en *Necesitaba un billete, sin cuyo billete no se podía entrar*?
941	¿Por qué no está bien usado el interrogativo *cuál* en *¿Cuál es ese Ernesto que dices?*
942	Y en *¿Cuál de tus compañeros te cae mejor?*, ¿lo está?
943	¿Por cuál de estas dos secuencias optarías: *No sabía en qué pensar* o *No sabía en lo que pensar*?
944	Fíjate en esta oración: *A ver, ¿cuál gorro prefieres?* ¿Hay en ella algo que no está bien?
945	¿Está bien en su totalidad esta: *A ver si me dices de una vez el por qué estás aquí*?
946	¿Si te preguntan *¿Qué años tienes?*, hay alguna incorrección?
947	Si la hay en *¿Qué fuiste el domingo? ¿Al pueblo?*, indícala.
948	En *¿Qué vienes? ¿A reírte de mí?*, ¿falta algo?

¿Si no hubiera **concordancia?**...

949	¿Por qué son correctas las construcciones *el hacha, el águila* y *el alma*, siendo los nombres femeninos?
950	¿Lo son *los hachas, los águilas* y *los almas*?

951 ¿Qué combinaciones son preferibles: *este hacha, ese águila* y *aquel alma* o *esta hacha, esa águila* y *aquella alma*?

952 ¿Qué debemos decir: *estos hachas* o *estas hachas, esos águilas* o *esas águilas, aquellos almas* o *aquellas almas*?

953 ¿Qué es más correcto, *el afilado hacha* o *la afilada hacha, el negro águila* o *la negra águila, el purificado alma* o *la purificada alma*?

954 ¿Y en estos otros casos: *el hacha afilado* o *el hacha afilada, el águila negro* o *el águila negra, el alma purificado* o *el alma purificada*?

955 ¿Qué resulta más adecuado, *un arma de fuego* o *una arma de fuego, un aula grande* o *una aula grande*?

956 ¿Qué debemos decir, *la otra área* o *el otro área, la primera acta* o *el primer acta*?

957 ¿Cómo diríamos, *el APA (Asociación de Padres de Alumnos)* o *la APA, el AFE (Asociación de Futbolistas Españoles)* o *la AFE, el ACB (Asociación de Clubes de Baloncesto)* o *la ACB*?

958 ¿Es correcta la expresión *No me imaginaba lo difícil que son estos problemas*?

959 ¿Te parece incorrecta alguna de estas dos oraciones: *Todo el grupo echó a correr. Todo el grupo echaron a correr*?

960 ¿Qué te parece más correcto: *Siéntense cada uno en su pupitre* o *Que cada uno se siente en su pupitre*?

961 ¿Y en este caso: *Ninguno de ellos acertaron* o *Ninguno de ellos acertó*?

962 Elige entre *Se ha escapado un toro y una vaca* y *Se han escapado un toro y una vaca*.

963 Continúa eligiendo, pero ahora cambiando el orden oracional: *Un toro y una vaca se ha escapado* o *Un toro y una vaca se han escapado*.

964 Di cuál de las siguientes construcciones es la correcta o si lo son las dos: *El Presidente, junto con el Primer Ministro, abrió la sesión. El Presidente, junto con el Primer Ministro, abrieron la sesión.*

965 Haz lo mismo en este otro caso: *El Presidente y el Primer Ministro abrió la sesión. El Presidente y el Primer Ministro abrieron la sesión.*

966 Y en este: *Mi sueldo mensual es mil doscientos euros. Mi sueldo mensual son mil doscientos euros.*

967 ¿Hay algo erróneo en *Si algo tiene son buenas cualidades*?

968 Si alguien te dice *Este verano han habido muchas tormentas*, ¿qué incorrección habrá cometido?

Preguntas

969	¿Te parece correcto *Es un instituto cuyos director y jefe de estudios son muy eficientes?*
970	Si decimos *Se han detenido a varios delincuentes,* no es una construcción gramaticalmente válida. ¿Podrías explicar por qué?
971	¿Nos dices eso mismo de otras dos maneras que sean correctas?
972	Vuelve a elegir: ¿*Se ha tomado las medidas adecuadas* o *Se han tomado las medidas adecuadas*? Razona tu elección.
973	¿Cómo dirías, *Se debe conocer los defectos propios* o *Se deben conocer los defectos propios*? ¿Por qué?
974	¿Y en este caso: *Se intentará evitar las injusticias* o *Se intentarán evitar las injusticias*? Trata de explicarlo.
975	¿*Los pantanos parece que están muy llenos* o *Los pantanos parecen que están muy llenos*?
976	Cuando una persona dice a otra ¿*Qué tal hemos pasado el verano?*, ¿por qué utiliza el plural?
977	¿Por qué se pueden oír o leer expresiones del tipo *Como íbamos diciendo...,* cuando quien lo dice o escribe es una sola persona?
978	A menudo se preguntan a los compañeros cosas como ¿*Tenéis alguien un folio?* ¿Te parece correcto o estaría mejor de otra manera?
979	Compara estas dos construcciones: *Fuiste tú la que rompiste el jarrón. Fuiste tú la que rompió el jarrón.* ¿Cuál elegirías como más correcta? ¿Podrían ser válidas las dos?
980	¿Y en este caso: *Yo soy de los que animo todo el tiempo al equipo* o *Yo soy de los que animan todo el tiempo al equipo*?
981	¿Y en este: *Venían cada cual por un camino* o *Venía cada cual por un camino*?
982	¿Por qué no se debe decir *En el comedor habíamos por lo menos veinte personas*?
983	Elige la expresión adecuada: *Con dos sacos de cemento serán suficientes* o *Con dos sacos de cemento será suficiente.*
984	Haz lo mismo con estas otras dos: *Los cincuenta euros que me dais no me llegan para una semana* o *Los cincuenta euros que me dais no me llega para una semana.*
985	En una puerta de un hospital se leía este aviso: *Prohibido visitas durante las horas de consulta.* ¿Qué le dirías a quien lo puso?
986	¿*Me dio ganas de salir corriendo* o *Me dieron ganas de salir corriendo*?

MIL **preguntas y respuestas de Lengua Española**

987 Si oyes decir a una mujer: *Cuando se está enferma, todo lo demás importa poco*, ¿le harías alguna corrección?

988 ¿*Cantar y bailar proporciona alegría* o *Cantar y bailar proporcionan alegría*?

989 ¿*Le proporcionaremos los materiales que haga falta* o *Le proporcionaremos los materiales que hagan falta*?

990 ¿Es correcta la construcción *Antes o después habrá que decidirnos por una postura*?

991 Fíjate en estas dos expresiones: *El tiroteo no fue en la misma Sevilla, sino en los alrededores. El tiroteo no fue en el mismo Sevilla, sino en los alrededores*. ¿Son correctas las dos o hay que desechar alguna de ellas?

992 ¿Dirías a alguien que te vas de vacaciones *la primer semana de agosto*?

993 ¿Corregirías algo en *Ni siquiera pude reconocer el habla en el que se expresaban aquellas gentes*?

994 Fíjate en la siguiente oración y observa si es correcta en su totalidad: *Necesito que me acompañen dos personas, quienquiera que sean*.

995 Haz lo mismo con esta otra: *Esa chica parece media lela*.

996 ¿Corregirías algo de esta: *En muchas peores situaciones me he visto*?

997 ¿Es válida la construcción *No hay peor sordo que los que no quieren oír*?

998 Explica cuál es ahora el problema: *Cuanto más agua bebía, más le dolía el estómago*.

999 ¿Por qué no está bien *Ellos serán honrados, pero nosotros también los somos*?

1000 ¿Te parece correcta una construcción como *Aquí todo el mundo sabemos lo que pasa*?

Respuestas

Los nombres pueden nombrarlo todo

1   Porque sirven para designar, para nombrar entidades, no para decir cómo son o referirse a las acciones que realizan.

2   *Hombre, perro* y *gato* se refieren a un ser como perteneciente a un grupo cuyos componentes comparten determinadas propiedades, mientras que *Manuel, Canelo* y *Micifuz* identifican, individualizan uno entre los demás. Los primeros son nombres **comunes** y los segundos nombres **propios**.

3   Son nombres propios que están siendo usados como comunes al aplicar a alguien las características de un arquetipo.

4   Ahora sucede lo contrario, puesto que hemos transformado sustantivos comunes en propios mediante la antonomasia, es decir, alguien se convierte en el representante más genuino de una clase, actividad, etc.: María es la Virgen por excelencia, como Aristóteles es el Filósofo; Mahoma, para los musulmanes, el Profeta, y Bolívar el Libertador en Hispanoamérica.

5   *Abeja, soldado* y *pino* designan un solo ser u objeto, mientras que *colmena, ejército* y *pinar* se refieren a un conjunto. Los primeros son nombres **individuales**, mientras que los otros son **colectivos**.

6   Unos y otros son colectivos, pero mientras que *muchachada, castañar* y *piara* son determinados u homogéneos, es decir, conocemos la naturaleza de sus integrantes (muchachos, castaños y cerdos), *conjunto, montón* y *serie* son indeterminados o heterogéneos, pueden ser de cualquier cosa.

7   *León, piedra* y *casa* nombran entidades perceptibles por los sentidos, son nombres **concretos**. *Ferocidad, dureza* y *tranquilidad* designan realidades mentales, son nombres **abstractos**.

8   Los dos miembros de cada pareja pertenecen al mismo campo semántico, pero los primeros, *árbol, zapato, pantalón* y *moneda*, son sustantivos **discontinuos** o **contables** (*dos zapatos, cuatro monedas…*), mientras que *madera, calzado, ropa* y *dinero* son **continuos** o **de materia**, se pueden medir (*mucha madera, dos litros de agua*), pero no contar.

Respuestas

9	Según lo que acabamos de indicar, los sustantivos contables pueden usarse con numerales, mientras que los no contables, al referirse a algo continuo, no los admiten.
10	Lo que queremos decir es 'el contenido de dos vasos de vino'. El recurso utilizado es la **metonimia**.
11	Porque los nombres no contables o de materia pueden ir en singular sin determinante, mientras que los contables, como *silla,* lo necesitan.
12	*Bombones,* al estar usado en plural, se comporta como si fuera de materia, mientras que *bombón,* en singular, es contable, por lo que necesita un cuantificador.
13	*El salchichón* alude a algo llamado así, es decir, a la materia, mientras que *tres salchichones* son tres objetos discontinuos, contables.
14	Lógicamente, *una loncha de jamón,* puesto que es así, en singular, como designamos una materia, en este caso, un alimento.
15	En este caso se puede afirmar que no hay diferencia, puesto que *zanahoria* está tomado en sentido genérico, como si fuera de materia.

Lo singular suele pluralizarse

16	Distingue el singular y el plural en palabras como sustantivos, adjetivos, pronombres, determinativos y verbos.
17	*Víveres, nupcias* y *modales* son palabras que solo se usan en plural. Es lo que se llama, con un nombre latino, **pluralia tantum.**
18	Al contrario que las anteriores, *oeste, cenit, cariz, salud* y *tez* se emplean únicamente en singular. Son **singularia tantum.**
19	Es *pisos piloto*. En este tipo de agrupaciones léxicas de dos sustantivos, suele cambiar solo el primero.
20	*Sefardíes, saudíes, hindúes, papúes* y *faralaes.*
21	*Menús, gachís, dominós, sofás* y *champús.*
22	Las que admiten dos plurales son *rubís* o *rubíes, tabús* o *tabúes, hurís* o *huríes, esquís* o *esquíes.* El plural de *pachá* es *pachás* y el de *canesú, canesús.*
23	Diciéndoles que son palabras terminadas en vocal acentuada, cuyo plural se forma en *-s* o en *-es,* no en *-ses.* Las formas correctas son *cafés, vermús* y *pirulís.*
24	*Goles, treses, pies, soles, fes, cientos.*

25	Los apellidos acabados en -z y en -s no varían en plural: *los Fernández, los Martínez* y *los Garcés*.
26	Existen las dos posibilidades: *los García* o *los Garcías, los Gascón* o *los Gascones, los Riquelme* o *los Riquelmes, los Quintero* o *los Quinteros*.
27	Lo hacen en *-es: aes, es, íes, oes, úes*.
28	La respuesta es *dos, res, mis, fas, soles, las, sis*.
29	*Me dan lo mismo varios síes que varios noes*.
30	*En los convoyes había carros tirados por bueyes*.
31	Hubiera dicho *los bíceps* y *los tórax*, porque las palabras acabadas en -x y en -s no varían en plural, a no ser que se trate de palabras monosílabas o agudas.
32	Tienen una forma castellanizada y es la que debe usarse: *referendos, memorandos* y *currículos*.
33	Quedan invariables: *los estatus, los superávit* y *los déficit*. Los dos últimos también admiten el plural en -s: *superávits* y *déficits*.
34	Estas lo hacen en *-es: pluses, omnibuses* y *álbumes*.
35	*Dos cócteles, dos cruasanes* y *dos yogures*. Los extranjerismos acabados en *-n, -l, -r, -d, -z, -j* hacen el plural en *-es*.
36	*Líderes, chóferes* y *cláxones*.
37	*Dos blocs, dos pívots, dos cómics, dos esnobs*. Los acabados en consonante que no sea *-n, -l, -r, -d, -z, -j* forman el plural en *-s*.
38	Añadiendo una *-s*, según la regla que ya conocemos: *boicots, debuts, complots, entrecots, ballets*.
39	El de *malentendido* se forma de la manera habitual: *malentendidos*. En *maltrato*, en cambio, se pluralizan los dos componentes: *malos tratos*.
40	Me hubiera llevado varios *sobresaltos* al conocer a varias *ricashembras manirrotas* y a unos cuantos *gentileshombres cejijuntos*.
41	Diríamos que no son unos hombres *cualesquiera*.
42	En los compuestos por aposición de dos sustantivos varía solo el primer componente: *hombres masa, niños prodigio, horas extra* y *peces espada*.
43	Aquí hay tendencia a que cambien los dos, pues se percibe cierta relación de suma entre ellos: *meriendas cenas, casas cuarteles, jueces árbitros*.

Respuestas

44	En estos compuestos, unidos por guion, solo se pone en plural el segundo componente: *conflictos árabe-israelíes, estudios histórico-artísticos* y *asuntos teórico-prácticos*.
45	Lo correcto es *Todos permanecieron **alerta***, pues *alerta* funciona aquí como adverbio.
46	Las que no tienen plural son *sur, sed* y *grima*.
47	Los nombres abstractos, si se ponen en plural, adquieren un sentido material: *bellezas, bondades, amistades, caridades, felicidades*. Las *bellezas* pasan a ser 'mujeres bellas', las *bondades* 'actos bondadosos', las *amistades* 'amigos', y así sucesivamente.
48	Lo único que podríamos poner en singular sería *novio* y *novia*, porque *nupcias, esponsales* y *arras* carecen de él.
49	*Enseres, añicos, gárgaras* y *trizas*.
50	Tenemos *tijera* y *tijeras, gafa* y *gafas, pinza* y *pinzas, escalera* y *escaleras*. Suele preferirse el plural.
51	*Un grillo* es un insecto, mientras que *los grillos* son los grilletes que sirven para sujetar los pies o las manos. *Celo* es 'cuidado, diligencia', mientras que *celos* equivale a 'sospecha, desconfianza'. *La razón* es la mente, y *las razones* son los motivos, los argumentos.
52	*SS. MM.,* Sus Majestades; *AA. RR.,* Altezas Reales; *FF. AA.,* Fuerzas Armadas; *AA. EE.,* Asuntos Exteriores.
53	*Excmos., págs., Vds., Srs., vols., ejs.* y *Ptes.*
54	Los símbolos no presentan variación en plural: *atm, cal, dl, h, ha, kg* y *m*. En eso se distinguen de las abreviaturas.
55	Aunque hay vacilación al respecto, es preferible dejarlas sin variación: *las ONG, los MIR, los VIP, las APA*.
56	Si se mantienen en mayúscula, conviene dejarlas sin variación; pero si se escriben en minúscula, como palabras normales y corrientes, se pluralizan: *los geos, los grapos, las uvis* y *las ucis*.
57	Son nombres propios que tienen forma de plural, no pueden singularizarse.

Los conflictos de género no los crea la lengua sino los hablantes

58 En los seres animados, el género indica diferenciación sexual: masculino = macho, femenino = hembra.

59 No. Los seres inanimados carecen de sexo y el género es un simple clasificador gramatical. El hecho de que unos sean femeninos y otros masculinos obedece a razones etimológicas, formales o de uso.

60 Pertenecen a los llamados heterónimos, los que tienen un lexema para el masculino y otro para el femenino: *yerno/nuera, carnero/oveja, caballo/yegua*.

61 *Abadesa, consulesa, heroína y actriz*.

62 Los correctos son *directora, alguacila, vampiresa y profetisa*.

63 Son invariables, por lo que el género se indica mediante el artículo u otros determinantes: *el/la adolescente, un/una dentista, el/la cónyuge, un/una mártir*.

64 Podemos referirnos a cualquiera de los dos, ya que son nombres de los llamados epicenos, que, siendo solo masculinos o femeninos, engloban ambos géneros. Una *ballena* puede ser macho o hembra; una *criatura*, un niño o una niña, etc.

65 Ya dijimos que en los nombres de cosas no hay razones específicas, a no ser que nos remontemos a la etimología, que también falla en ocasiones. Algunos, incluso, han cambiado de género a lo largo de la historia.

66 Lo general es que los nombres acabados en -*o* sean masculinos, y femeninos los terminados en -*a*, pero no siempre es así; por ejemplo, *programa, telegrama, tema, drama, fantasma* y muchos otros son masculinos, mientras que *mano, dinamo, moto, radio* y algunos más son femeninos.

67 *El pez* es un animal acuático, mientras que *la pez* es una sustancia resinosa; *un pendiente* es un adorno que cuelga, habitualmente, de la oreja, y *una pendiente* es una cuesta, un terreno en declive; *un editorial* es un artículo periodístico, y *una editorial* una empresa que publica libros; *el capital* es la hacienda, el patrimonio, mientras que *la capital* es la ciudad cabeza de un estado.

68 *El coma*: pérdida de la conciencia; *la coma*: signo de puntuación. *El cura*: sacerdote; *la cura*: curación. *El orden*: colocación adecuada; *la orden*: mandato. *El radio*: línea que va desde el centro a la circunferencia; *la radio*: radiodifusión.

69 Cambia el significado entre *el cólera* (enfermedad) y *la cólera* (ira); entre *el canal* (cauce para el agua) y *la canal* (res abierta y sin entrañas; canalón); entre *el delta* (desembocadura de un río) y *la delta* (letra griega). En los casos de *mar* y *calor*, el uso del masculino o el femenino obedece a razones expresivas.

70 En ninguno de los casos hay diferencia de significado, son variantes estilísticas o regionales.

Respuestas

71	*El trompeta/la trompeta:* instrumento/instrumentista; *el naranjo/la naranja:* árbol/fruto; *el barco/la barca:* embarcación grande/embarcación pequeña; *el fruto/la fruta:* individual/colectivo.
72	*Apéndice:* masculino; *síncope:* masculino; *antítesis:* femenino; *alfiler:* masculino; *bajamar:* femenino; *urdimbre:* femenino.
73	*Avestruz:* masculino; *alambre:* masculino; *aceite:* masculino; *arroz:* masculino.
74	Sí, porque, generalmente, los nombres de profesiones que tienen el masculino en *-o*, forman el femenino en *-a*.
75	No son necesarios, puesto que los correspondientes masculinos son comunes, pero actualmente se admiten.
76	Son nombres comunes en cuanto al género. Se diferencian por los determinantes que los acompañan: *el/la soldado, un/una cabo, aquel/aquella teniente...*
77	Sí, porque pueden referirse a una mujer que ejerce una determinada profesión o a la profesión en sí.
78	Se admiten *huésped/huéspeda, capataz/capataza, presidente/presidenta, cacique/cacica. Dibujante* y *ayudante* son comunes para los dos géneros.
79	Es correcta. Aunque lo usual es *políglota* para los dos géneros, también existe el masculino *polígloto*.
80	Está expresado correctamente, la forma masculina es *autodidacto*.
81	No, puesto que se trata de nombres comunes en los que la variación de género se establece por medio de los determinantes: *el/la testigo, el/la estratega, el/la tránsfuga*.
82	Cada uno de ellos tiene dos: *poeta, poetisa* y *guarda, guardesa*, respectivamente.
83	No, porque en el primer caso usamos *fiera* para indicar que sobresale en algo, mientras que en el segundo estamos diciendo que se comporta como una fiera.
84	No, resulta redundante. El masculino, que es el género no marcado, puede abarcar también el femenino. Por lo tanto, solo es preciso especificar cuando exista riesgo de que el femenino quede excluido.
85	No, se trata de simples coincidencias fonéticas, los significados respectivos no guardan relación entre sí.
86	Porque el nombre genérico, *río*, es masculino.
87	Son adjetivos invariables, pueden aplicarse a nombres masculinos o femeninos: *agua potable / caldo potable...*

MIL **preguntas y respuestas de Lengua Española**

88 Hombre cosmopolita, trabajador agrícola, ciudadano croata, ministra israelí. Cambian únicamente los sustantivos, los adjetivos son invariables.

Los adjetivos hacen buenas migas con los nombres

89 El adjetivo tiene como función modificar al nombre, indicar sus cualidades o características.

90 Porque, aplicados a un nombre, nos dicen cómo es o cómo está el referente del mismo; por ejemplo, *hombre guapo* u *hombre feo, muchacha alegre* o *muchacha triste, niño sano* o *niño enfermo.*

91 Al cambiar el orden, *buen amigo* y *mal enemigo,* estos dos adjetivos se apocopan.

92 La apócope se produce solamente en masculino, en femenino no varían: *buena amiga, mala enemiga.*

93 Al anteponer los adjetivos *negro, feliz* y *cálido,* adquieren un valor intensivo, enfático, distinto del puramente descriptivo que tienen cuando van pospuestos. Por ejemplo, si decimos *pañuelo negro* es para distinguirlo de otro blanco, azul, etc.; pero en *negros nubarrones,* estamos incidiendo en la negrura, no intentamos diferenciarlos de nubarrones de otros colores.

94 En estos casos el cambio es mayor, puesto que afecta al propio significado. *Hombre grande* se refiere a lo físico, mientras que *gran hombre* alude a lo moral o intelectual; *mi hija pequeña* es la menor de mis hijas en edad, y *mi pequeña hija* alude a su corta edad, pero sin relacionarla con otras.

95 Aquí la variación semántica es total: *un simple oficinista* es un oficinista más, mientras que un *oficinista simple* es un oficinista de facultades limitadas; *un triste auxiliar* es un auxiliar insignificante, pero un *auxiliar triste* es un auxiliar afligido.

96 En *nieve blanca* y *rocío húmedo* prácticamente no aportan significado, pues la nieve es de por sí blanca y el rocío, húmedo; son puros epítetos. En t*ela blanca* y *ropa húmeda,* por el contrario, especifican cómo son esa tela y esa ropa.

97 *Nuevos* y *repetidores* actúan como nombres, se han sustantivado mediante el artículo.

98 Todo depende del orden: en *un millonario holandés* el nombre es *millonario,* y el adjetivo, *holandés,* al contrario de lo que sucede en *un holandés millonario.* Lo mismo podemos decir de *un viejo sabio* y *un sabio viejo.*

99 Igualdad: *Felisa es tan lista como Andrea.* Superioridad: *Felisa es más lista que Andrea.* Inferioridad: *Felisa es menos lista que Andrea.* Comparamos dos seres en relación con una cualidad.

Respuestas

100   *Es una película tan larga como interesante. Es una película más larga que interesante. Es una película menos larga que interesante.* En esta ocasión comparamos dos características atribuidas a una misma realidad.

101   *Mejor, peor, mayor* y *menor.*

102   No son expresiones incorrectas, pero resultan menos elegantes que si empleamos *peor* y *mejor.*

103   La expresión *más mayor* puede ser usada para referirse a la edad de las personas: *Cuando seas más mayor, podrás llegar tarde a casa,* pero en el caso que nos ocupa no es adecuada, porque se trata de una simple comparación, en la que basta decir *Mi padre es **mayor** que mi madre.*

104   *Inferior* tiene aquí valor comparativo y no necesita el adverbio *más.* Lo correcto es *Ese abrigo es de calidad **inferior** a la de este otro.*

105   Porque su significado es absoluto y no existe posibilidad de establecer relación: alguien puede ser "el primero", pero no "más primero" que otro, ni "más último", ni "más soltero", etc.

106   *Altísimo* es un superlativo **absoluto**, mientras que el *más alto* es un superlativo **relativo**. La diferencia está en que el absoluto expresa una cualidad en su grado sumo, mientras que el relativo hace lo mismo, pero siempre en relación con un término explícito o implícito: *el más alto de la casa, del pueblo...*

107   *Hermosísimo* y *muy hermoso, listísimo* y *muy listo, amplísimo* y *muy amplio.*

108   *Calentísimo, jovencísimo* y *seriecísimo.*

109   Se forman sobre la raíz latina: *antiquísimo, sapientísimo* y *fidelísimo.*

110   Lo adjetivos que terminan en *-re, -ro* lo hacen en *-érrimo: celebérrimo, libérrimo* y *misérrimo.*

111   Son correctas las dos en *amigo: amicísimo* y *amiguísimo; pulcro: pulcrísimo* y *pulquérrimo; simple: simplísimo* y *simplicísimo; nuevo: nuevísimo* y *novísimo.* De *culpable* solo vale *culpabilísimo,* y de *sagrado, sacratísimo.*

112   Porque los adjetivos *enorme, imponente, helado* y *estupendo* tienen ya de por sí valor superlativo.

113   La respuesta es la misma que en la cuestión anterior: *tremendo, absurdo* y *perfecto* rechazan *muy* porque tienen un significado extremo, equivalente al superlativo.

114   Sigue siendo el mismo caso, pero ahora con el superlativo relativo. Es suficiente decir *lo fundamental* y *el último.*

115   Ahora estamos duplicando el superlativo: o usamos *muy* o *-ísimo,* pero no los dos a la vez.

Los adverbios son serviciales, acompañan a otras palabras

116 Es una palabra invariable que actúa como modificador del verbo: *Brígido cocina **bien**;* de un adjetivo: *Es **francamente** bueno;* de otro adverbio: *Llegó **mucho** después;* e incluso de un enunciado completo: ***Probablemente** llegaré en el tren de las ocho.*

117 Hay dos: *también* y *luego.*

118 Porque son dos palabras invariables (sin género ni número) que inciden sobre el verbo indicando una circunstancia de lugar y de tiempo, respectivamente.

119 *Acaso,* de duda; *mal,* de modo; *mucho,* de cantidad; *sí,* de afirmación; *antes,* de tiempo; *lejos,* de lugar.

120 Es adverbio en la primera; en *Tenía mucho miedo* es un determinante indefinido. La explicación está en que en esta última modifica al sustantivo *miedo,* con el que concuerda *(muchos temores, mucha ansiedad),* mientras que en *Se asustó mucho,* modifica al verbo y no puede variar en género ni en número: no es admisible **Se asustó mucha* o **Se asustó muchos.*

121 Es adverbio en el primer caso, ya que modifica al verbo *hablaba* y no varía. En el sintagma *una fuerte voz,* es un adjetivo que modifica al nombre *voz (unas fuertes voces).*

122 En *No tengo prisa,* actúa como modificador del resto del enunciado, otorgándole valor negativo; en *–¿Tienes prisa? –No,* constituye por sí solo un enunciado, equivale en lo semántico a una oración.

123 Son válidos *felizmente, velozmente, enormemente* y *estupendamente. Bastantemente, distintamente* e *importantemente* no deben usarse porque la lengua no los ha actualizado, son creaciones esporádicas de algunas personas.

124 No está bien construida. Cuando se juntan dos o más adverbios en *-mente,* esta terminación solo se añade al último. Lo correcto es *Pasaron el verano **tranquila y felizmente.***

125 Únicamente es correcta la primera: *No recuerdo ni el día de ayer.* En la segunda sobra la preposición: *No recordaba ni el día **antes**.*

126 No hay ninguna diferencia, *aquí* y *acá* significan lo mismo.

127 Sobra la preposición *a,* que nunca debe preceder a adverbios de lugar comenzados por *a-,* como *aquí, allí, adentro, afuera, arriba, abajo,* etc. Lo correcto es *Pase usted adelante, vamos allí.*

128 Ambas expresiones son igualmente correctas.

129 Ahora no. Lo acertado es *Estaba debajo de la cama.* No podemos suprimir la preposición, puesto que *debajo de, encima de, detrás de,* etc., son locuciones preposicionales.

Respuestas

130	No está bien usado. La expresión adecuada es **No hacía más que** dar la lata.
131	*Lo que ella quería, **ante todo**, era irse a casa.*
132	*Desde ya* es una locución innecesaria, producto de una de tantas modas lingüísticas. Es mucho más apropiada *desde ahora mismo*.
133	La incorrección radica en *mejores*, que, al actuar como adverbio, no tiene plural: *Los diez minutos finales fueron los **mejor** jugados del partido.*
134	*Se escondió **detrás** del armario*. La locución válida es *detrás de*, no *atrás de*.
135	*Voy a pasar unos días **fuera de** la ciudad. Afuera de* no existe como locución prepositiva.
136	Basta con decir *Espérame, que ahora subo. Subir arriba* o *para arriba* es una de esas redundancias tan habituales en la lengua coloquial que apenas nos llaman la atención, pero hay que procurar evitarlas.
137	Únicamente es válida la primera, *Casi estoy por ir a ver qué ocurre*. En la segunda sobra el *que* de *Casi que estoy…*
138	Es lo que algunos lingüistas llaman el *como* "aproximativo", muy usado hoy en la lengua coloquial. No es incorrecto, pero no se debe abusar de su empleo.
139	El verbo *parecer* ya implica semejanza, no necesita ese *como: Están todo el día juntos, parecen marido y mujer.*
140	Solo son correctas *Es demasiado tonto* y *Es tonto por demás*.
141	Porque *antes que* tiene por sí solo valor comparativo, no necesita el adverbio *más*.
142	La expresión *no trabaja más* debe evitarse, ya que estamos utilizando *más* en lugar de *ya: El señor Alfónsez **ya** no trabaja en esta oficina.*
143	*Donde* es un adverbio relativo de lugar al que aquí estamos dando un sentido temporal, al referirlo a *unos meses*. La construcción adecuada es *Hemos pasado unos meses **en los que** hemos tenido muchos problemas.*
144	En la segunda oración debe ser sustituida por *a menos que*, ya que introduce una subordinada condicional: *Me quedaré una semana, **a menos que** el director me haga volver (…si el director no me hace volver).*
145	Porque *menos* es un adverbio que no debe ocupar el lugar que corresponde al adjetivo comparativo *menor*, como en este caso, ante un sustantivo y tras artículo.
146	El determinante indefinido *muchos* se ha usado indebidamente, ante un adjetivo, en vez del adverbio *muy*, que, como tal, es invariable: *No lo haré por **muy** serios motivos.*

147 La utilización de *no* como prefijo se está extendiendo en la actualidad. No es una incorrección en sí, pero debe evitarse siempre que sea innecesario, cosa que ocurre, como en este caso, cuando existe un antónimo: *Los sindicatos han acordado **el rechazo** de las medidas del Gobierno.*

148 *Inclusive* es un adverbio, por lo que no tiene variación de número. Lo correcto es, por tanto, *Estaban todos, los sobrinos **inclusive.***

149 *Tendré que consultarlo **cuando** menos con mis padres. Cuando menos* es una locución de carácter restrictivo que no tiene nada que ver con *cuanto menos.*

150 La expresión correcta es la segunda: *Por poco pierdo el autobús.*

151 Este uso de adverbios como *arriba* y *abajo,* frecuente en el mundo del deporte, es un calco del inglés que debe ser evitado en español. Lo adecuado es *El Fuenlabrada va cuatro puntos **por encima**.*

152 En absoluto. Esta combinación de adverbio y posesivo constituye una verdadera plaga del español actual. Se debe decir *Está detrás **de ti.***

153 Ninguna de las dos está bien, ya que lo adecuado es *Iba delante **de mí**.*

154 Son correctas las dos, puesto que el adverbio *alrededor* puede actuar como sustantivo *(los alrededores)* y, en consecuencia, admite determinantes.

155 Las tres son admisibles, por la misma razón que en el caso anterior.

156 Son válidas las tres: *favor* es un sustantivo y admite tanto el determinante posesivo como el régimen preposicional.

El artículo casi no se nota, pero ayuda lo suyo

157 El artículo es un determinante que se antepone al nombre como actualizador o reconocedor, es decir, lo usamos para hacer referencia a algo conocido. Aunque tiene otros valores, este es el más frecuente.

158 En singular son *el, la, lo* (masculino, femenino y neutro); en plural, *los, las* (masculino y femenino). Existe también el llamado **artículo indeterminado:** *un, una, unos, unas,* que, en realidad, es un indefinido.

159 Si digo *Quiero ensalada,* me refiero simplemente a algo que se llama "ensalada", sin especificación alguna, pero, al decir *Acércame la ensalada,* estoy aludiendo a una ensalada que está a la vista, que sabemos cuál es.

160 Porque el artículo en español se usa habitualmente en lugar del posesivo.

Respuestas

161 Por la misma razón que en la cuestión anterior. Es más, si dijéramos *Me duele **mi** cabeza*, resultaría redundante, puesto que ya tenemos el pronombre de primera persona *me*.

162 En *He comprado unos bombones,* el indeterminado *unos* hace referencia a *unos bombones* que pueden ser cualesquiera, mientras que en *Me he comido **los bombones**,* el artículo *los* indica que se trata de unos bombones conocidos por los interlocutores.

163 Porque en español no hay nombres neutros.

164 *El bueno* se refiere a una realidad –animada o inanimada– concreta, mientras que el neutro *lo* convierte el referente del adjetivo en una entidad abstracta, en un concepto.

165 Al ser neutro, no tiene plural.

166 Al decir *el bueno, el malo,* etc., los hemos sustantivado. Es como si dijéramos *el hombre bueno, el tipo malo,* etc., sin el sustantivo, por lo que el adjetivo pasa a desempeñar su función.

167 Porque también se han convertido en sustantivos, cosa que ocurre frecuentemente con el infinitivo, puesto que viene a ser el nombre del verbo.

168 Los nombres propios no necesitan el artículo porque son identificadores por sí solos. Algunos lingüistas dicen que el nombre común precedido del artículo se comporta como un nombre propio.

169 En principio, es un caso como el anterior, pero el empleo del artículo ante el apellido de mujeres famosas es un uso coloquial muy extendido y, por tanto, admisible.

170 Lo llevan cuando se usa con valor distintivo: *El Eduardo que yo digo es otro.*

171 Es incorrecto, puesto que hay topónimos (nombres de lugares), como los nombres de montes y cordilleras, que se usan siempre con artículo. Se debe decir *los Alpes* y *los Pirineos*.

172 En todos estos casos son válidas ambas posibilidades, con artículo o sin él.

173 No en todos. Algunos nombres de regiones y comunidades, como *El Bierzo* y *La Mancha,* llevan el artículo incorporado, pero otros, como *Extremadura* y *Andalucía,* no deben llevarlo nunca.

174 Naturalmente, *Jugamos al tenis.*

175 Es otra de esas modas que no tienen razón de ser. En todos estos casos, el sustantivo debe ir precedido del artículo, puesto que *la banda, el área* y *la pierna izquierda* de que se habla están identificadas, son realidades conocidas.

176 Es un caso similar; debería decirse *a la vuelta de la pausa publicitaria.* Mejor aún: *tras la pausa publicitaria.*

177	Falta el artículo neutro que exigen las construcciones de este tipo: *No se atrevía a respirar de **lo** asustado que estaba.*
178	La diferencia es muy pequeña: ambas posibilidades son válidas y el significado no cambia. Lo único que aporta el empleo del artículo ante cada uno de los miembros de la enumeración es una mayor individualización de los mismos.
179	Porque, dicho así, parece que nos referimos a los sindicatos, no a su postura. Podemos arreglarlo de dos maneras: *Hay bastante distancia entre las posturas de los empresarios y **de** los sindicatos* o *Hay bastante distancia entre la postura de los empresarios y **la de** los sindicatos.*
180	No. Lo que comparamos son situaciones, no personas: *Mi situación no es comparable **con la tuya**.*
181	Lo acertado es *Todo el mundo sabe quién fue el autor **de El** Quijote,* porque, al formar el artículo parte del título, no puede hacerse la contracción *del.*
182	En este caso la contracción es obligatoria: *Tengo que ir **al** médico.*
183	Lo más correcto es *¿Qué?,* sin un artículo que no necesita el interrogativo.

Todos los usamos como algo personal

184	*Pronombre* significa 'en lugar del nombre'. Y esa es, precisamente, la función que realizan las palabras de esta clase: sustituir a los sustantivos.
185	Designan las tres personas gramaticales, es decir, por medio de ellos nos referimos al hablante (primera persona), al oyente (segunda persona) y a todo lo demás (tercera persona).
186	Las formas verbales varían según la persona gramatical de que se trate, y en primera o segunda persona siempre habrá un *yo,* un *tú,* un *nosotros* o un *vosotros* (implícito o explícito) como sujeto.
187	*Me, conmigo* y *nosotros.*
188	*Vosotros, ustedes, ti.*
189	*Le, se, consigo.*
190	Es el plural de la primera persona, pero no es exactamente el plural de *yo,* puesto que no equivale a *yo + yo,* sino a *yo + tú, yo + él, yo + tú + él,* etc. Es decir, asocia al hablante con otras personas.
191	El sujeto es *yo,* y no es necesario explicitarlo porque, a diferencia de otros idiomas, las desinencias del español permiten identificarlo.

Respuestas

192 En este caso sí, porque *estaba* puede ser primera o tercera persona. Sucede en algunos otros tiempos: *estaría, esté, estuviera...*

193 Porque a veces necesitamos reafirmar nuestro protagonismo como hablantes; por ejemplo, cuando manifestamos opiniones o intentamos, como en este caso, imponerlas.

194 Es un caso similar al anterior, pero ahora, al decir *Yo te ayudaré*, lo que el hablante quiere resaltar es su ofrecimiento, su disposición a hacer algo.

195 Constituye lo que se llama un **anacoluto**, es decir, una ruptura de la secuencia gramatical. Ese *yo* que aparece al principio responde a una motivación psicológica del hablante, pero gramaticalmente no pinta nada, puesto que el verbo está en tercera persona. La solución está en el cambio de la forma pronominal: **A mí** *ya sabes que nadie me hace callar.*

196 La segunda persona, al igual que la primera, es también perfectamente identificable por medio de la desinencia del verbo. Si decimos *tienes,* el sujeto, forzosamente, debe ser *tú.*

197 Se entendería igual sin el *tú,* pero con el pronombre, la imputación o la complicidad que manifiestan estas oraciones se ven reforzadas.

198 Lo que reafirma, en este caso, la presencia de *tú* es la fuerza apelativa de una pregunta que viene a ser la afirmación rotunda de la ignorancia del oyente en un tema determinado.

199 Tenemos otro anacoluto. Lo correcto gramaticalmente es *¿Pero bueno,* **a ti** *quién te ha llamado?*

200 Porque las formas de los pronombres de primera y segunda persona que pueden, en singular, hacer de sujeto son únicamente *yo* y *tú.*

201 En primera y segunda persona se usa, en esta clase de construcciones, el posesivo: *El problema es nuestro, El problema es vuestro.* En tercera también podría emplearse: *El problema es suyo,* pero, como esto puede inducir a confusión, la lengua admite otras posibilidades, como *El problema es de ellos.*

202 Porque el tratamiento de respeto implica cierto distanciamiento entre los interlocutores, que se expresa a través de la tercera persona verbal.

203 Corresponden al fenómeno denominado *voseo,* y constituyen una forma de tratamiento de confianza. Equivalen a lo que en países no voseantes se dice *Tú eres* y *Tú sales.*

204 Como pronombre personal, *mí* lleva acento gráfico: *Esto es para* **mí.**

205 No hay ningún error: *ti* no se acentúa nunca.

206 Tampoco hay error, porque *sí,* como pronombre, debe llevar la tilde que aquí tiene.

207	Todas estas formas pronominales son invariables en cuanto al género.
208	El femenino de *lo* es *la*, pero *le* sirve para los dos géneros.
209	*Ello* es neutro, y el neutro no tiene plural.
210	Hay un error de concordancia, porque *le* debe tener el mismo número que su antecedente, *los demás*: *A los demás no **les** ha pasado nada.*
211	Lo correcto es *Los comensales se miraban **entre sí**,* dado que se trata de una construcción recíproca.
212	No es correcto, porque estamos hablando en primera persona. Lo adecuado es *Tardé diez minutos en volver **en mí.***
213	Es prácticamente el mismo caso: *Todavía no las tengo todas **conmigo**.*
214	La persona, ahora, es la segunda: *Tú todavía puedes dar mucho de **ti**.*
215	Es mejorable: *Es una egoísta, sólo se quiere a **sí misma**.* Se trata de una construcción reflexiva.
216	Lo correcto es *Esta noche es conveniente **acostarse** temprano.* Hay que mantener la forma impersonal con la que se ha comenzado.
217	Estamos en el mismo caso: *Cuando se va a mucha velocidad, **se puede** tener un accidente.*
218	Otro ejemplo más del mismo fenómeno. Lo adecuado es *A veces es preferible decidir por **sí** mismo.*
219	El pronombre *la* es, en este caso, redundante e innecesario: *Yo ya había visto esa película.*
220	Sobra, por redundante, el pronombre *me* al comienzo de la oración: *Vais a hacer que me marche.*
221	No son incorrectas; son, simplemente, construcciones coloquiales en las que *me* actúa como pronombre enfático. Si lo eliminamos, no ocurre nada: *Eso ya lo suponía. No seas borrico.*
222	La forma correcta es *¡Callaos de una vez!,* dado que se trata de un imperativo.
223	Debemos decir **Sentémonos** *aquí,* dado que la *-s* de la primera persona del plural se pierde al llevar un pronombre enclítico.
224	Teórica y etimológicamente, es más correcto *Ahí va Ambrosio, mírа**lo**,* pero el **leísmo** masculino de persona es lo normal en amplias zonas de habla hispana. Por eso, *míra**le*** también es admisible.

Respuestas

225	Es exactamente el mismo caso: a pesar de la teoría, en unas zonas se dice *No le molestes, que está durmiendo,* y en otras *No lo molestes, que está durmiendo.*
226	La respuesta es la misma que en las dos cuestiones anteriores.
227	El **laísmo** es un fenómeno mucho menos extendido que el leísmo. Por eso, aunque en algunas zonas –sobre todo del centro de la Península– se oye *La dije que se callara,* lo indicado es *Le dije que se callara,* ya que el pronombre *le* es el propio del complemento indirecto, sea masculino o femenino.
228	Volvemos al caso del leísmo masculino: según las zonas, se usa una u otra.
229	La respuesta es la misma.
230	Lo correcto es *La advertimos de las dificultades.* Si decimos *Le advertimos de las dificultades,* incurrimos en el leísmo femenino, que debe ser evitado.
231	*Le advertí que se me había acabado la paciencia.* El pronombre cumple función de complemento indirecto y, por tanto, deber usarse *le,* sea masculino o femenino.
232	*A mi hermana le escribí hace un mes,* por la misma razón que en el caso precedente.
233	*Coge ese cuaderno y acércamelo,* porque el hecho de desempeñar función de complemento directo, además de referirse a una cosa, hace obligatorio el empleo de *lo.*
234	El pronombre *lo: Voy a pegarlo en el sobre,* por ser, como en la cuestión anterior, complemento directo de cosa.
235	En este caso hay que usar *le,* puesto que el verbo *pegar,* con el significado de 'golpear', es intransitivo, y el pronombre hace de complemento indirecto.
236	Está mal en el primero. Al decir *Lo dieron un golpe,* estamos usando *lo* como complemento indirecto, fenómeno, totalmente rechazable, denominado **loísmo**. En *Lo dieron por muerto,* su uso es correcto, puesto que actúa como complemento directo.
237	Teóricamente, lo correcto sería *A usted se lo aprecia en todas partes,* pero lo normal –al menos en España– es *A usted se le aprecia en todas partes*: es un leísmo masculino de persona con un verbo impersonal. Por consiguiente, ambas posibilidades se consideran válidas.
238	En esta ocasión, al ser un complemento directo femenino, es preferible decir *A las mujeres se las trata con respeto.*
239	Dado que ahora estamos ante un complemento indirecto, hay que usar *le: A la encargada se le dará lo que necesite.*
240	Porque en el primer ejemplo actúa como complemento directo y en el segundo como indirecto, ya que el directo es *artes marciales.*

MIL preguntas y respuestas de Lengua Española

241 No. La cortesía lingüística impone que la segunda persona anteceda a la primera: *Nos ha tocado **a ti y a mí**.*

242 En este caso sí es correcto: la hablante debe seguir "cediendo el paso" a los demás.

243 Es claramente incorrecta: *se* debe ir siempre delante de *me* y de *te*.

244 Tampoco está bien, porque los pronombres átonos han de posponerse siempre al imperativo: ***Dígamelo*** *otra vez.*

245 Estamos en el mismo caso. Lo adecuado es **Siéntense** *ustedes.*

246 Sirven las dos. Al formar el infinitivo parte de una perífrasis, el pronombre puede anteponerse o posponerse.

247 Es un caso igual al anterior: ambas posibilidades son válidas.

248 Es preferible *No me deja hacerlo*, porque *lo* va adjunto al verbo del que depende, pero también es admisible la otra opción.

249 La única válida es *Hay que decírselo a los demás,* puesto que no es lícito anteponer los dos pronombres átonos en las impersonales con *haber.*

250 *Hay que terminarlo enseguida:* es el mismo caso de la cuestión anterior.

251 Lo ideal sería decir *Voy a seguir intentándolo,* porque así el pronombre se une al verbo del que depende, pero las tres se admiten.

252 La única válida es *Estaba pensando en ducharme,* ya que en la otra, la anteposición del pronombre *me* resulta muy forzada.

253 No es ninguna incorrección; simplemente, es una construcción anticuada, salvo en algunas zonas dialectales, como Asturias.

254 Ambas son correctas.

255 Sin duda alguna *Temo decírselo,* ya que, al no tratarse de una perífrasis, la anteposición se ve rechazada.

256 La única correcta es *En este patio no **se puede jugar** al fútbol,* pues, al tratarse de un verbo impersonal, el pronombre *se* debe ir delante.

Para los demostrativos, demostrar es mostrar

257 Los demostrativos son deícticos, sirven para señalar. Indican el grado de cercanía o alejamiento respecto a alguien.

Respuestas

258	*Este* se refiere a lo más cercano, *ese* señala lo intermedio y *aquel,* lo más alejado.
259	Sí: *este, esta, esto; ese, esa, eso; aquel, aquella, aquello,* en singular. *Estos, estas; esos, esas; aquellos, aquellas,* en plural.
260	Las formas neutras no tienen plural.
261	No es posible. Dado que no hay sustantivos neutros, los demostrativos de este género no pueden actuar como determinantes.
262	Puede referirse a ambas cosas. En *Dame ese martillo,* la referencia es espacial, pero en *¿Qué hiciste aquel día?,* es temporal.
263	En la primera actúa como determinante, puesto que va modificando a un nombre. En la segunda es pronombre, dado que lo sustituye.
264	Al no acordarse del nombre del objeto, recurre a un sustituto universal, un verdadero comodín lingüístico, como es el demostrativo.
265	El neutro adquiere un valor despectivo cuando se aplica a personas. Estamos realizando una especie de "cosificación".
266	Tradicionalmente era necesario acentuarlos cuando eran pronombres, pero en la actualidad es optativo. Solo es obligatorio cuando existe ambigüedad: no significa lo mismo Llamó a **aquel** desgraciado que Llamó a **aquél** desgraciado.
267	Puede quedarse como está, pero si preferimos poner los acentos, hay que hacerlo así: *Pon este jersey en ese cajón, y éste en aquél.*
268	En el primer ejemplo, *este* se refiere a alguien de la realidad, extralingüístico. En el segundo, sin embargo, alude a algo del propio texto, el hecho mismo de tener fiebre. Es lo que se llama una referencia **anafórica**.
269	Es redundante, sobra: *Tráigame el expediente, que lo necesito.*
270	Lo habitual es que los demostrativos ejerzan la función determinativa antepuestos al nombre, pero también pueden ir pospuestos si el sustantivo lleva delante un artículo: *El tipo ese. La primavera aquella.*
271	Puede combinarse, como hemos visto, con el artículo antepuesto al nombre. También puede hacerlo con los posesivos: *Esta mi casa. Esta casa mía.* Con los numerales: *Esos dos tomates. Aquellas primeras horas.* Con algunos indefinidos: *Esos otros señores. Estas pocas camisas.*
272	No puede hacerlo con el indeterminado *un, una:* **Un aquel día.* **Aquella una mañana,* ni con la mayoría de los indefinidos: a*lguno, ninguno, mucho, demasiado, bastante...* Tampoco con los interrogativos y exclamativos: **¿Qué este ocurre?*
273	En este tipo de expresiones se percibe cierto desprecio.

MIL preguntas y respuestas de Lengua Española

274	Evocación o añoranza de un tiempo pasado.
275	Estamos utilizando el demostrativo neutro como un término sin límites semánticos precisos, capaz de referirse a cualquier cosa, en este caso, a la situación, la vida de nuestro interlocutor. Se convierte así en un saludo informal.
276	Podría ser, por ejemplo, *Recibid un fuerte abrazo de* **este** *que os quiere…*
277	Sí, dándoles cierta relevancia: **Este Abilio** *es un fenómeno.*

Las palabras no poseen, señalan a los que poseen

278	Establecen una relación entre una entidad y su poseedor.
279	Hay dos, una referida a un solo poseedor: *mío, tuyo, suyo,* con sus femeninos y plurales, y otra para varios poseedores, *nuestro, vuestro, suyo,* también con sus variantes morfemáticas.
280	Se forma mediante la anteposición del artículo neutro a las formas masculinas: l*o mío, lo tuyo, lo suyo, lo nuestro, lo vuestro.*
281	No es siempre la misma. En *mi mochila,* sí es verdadera posesión, pero no es el mismo tipo de posesión que en *mi brazo.* En *mi hermano,* indica una relación (familiar, en este caso), que no es posesión.
282	Es otro matiz semántico de los posesivos. En estos ejemplos lo que indican es relación, integración o pertenencia a un lugar o un colectivo.
283	La expresión es ambigua, puede significar dos cosas: 'el libro que has escrito' o 'el libro que es de tu propiedad y me has prestado'.
284	*Mi, tu, su,* y sus plurales *mis, tus, sus* se usan solo cuando van antepuestos a un nombre, aunque haya otro modificador de por medio: *Mi amiga Juana. Mi buena amiga Juana.* En todos los demás casos se utilizan las formas plenas *mío, tuyo, suyo.*
285	En *Este es nuestro jardín* es determinante, modifica a un nombre. En *Este jardín es nuestro* es pronombre, lo sustituye.
286	La diferencia entre uno y otro caso radica en la existencia de un solo poseedor: *mío* y *tuyo,* o de varios: *nuestro* y *vuestro.*
287	Sí, es una forma de sustantivación de los posesivos: *el mío, la tuya, lo suyo, los nuestros, las nuestras…* Las únicas formas a las que no puede anteponerse son las apocopadas.
288	No está claro, puesto que *su* puede significar 'de él, de ella, de ellos, de ellas, de usted y de ustedes'. Hace falta un contexto que lo especifique.

Respuestas

289 Sustituyendo el posesivo *suya* por otra fórmula posesiva: *de ella* o *de usted*, o, si esto no nos gusta, echando mano de otra forma de expresión: *...la razón la tiene ella (o usted)*.

290 Sí: *Amigo mío. Estos hijos nuestros.*

291 En unos casos va delante el posesivo: *mis cuatro árboles, tus otras ocupaciones*, y en otros, detrás: *todas sus pertenencias, esta mi casa.*

292 En *Este coche es mío, mío* indica simplemente posesión, mientras que en *Este coche es el mío,* adquiere además, merced al artículo, un carácter identificador.

293 Es una construcción incorrecta, ya que el posesivo está ocupando un lugar que corresponde a un pronombre reflexivo: *Filomeno es raro* **de por sí**.

294 Es redundante. Sobra *mío*, porque la idea de posesión la aporta ya el verbo *tener*: *Tengo un hijo estudiando en Zaragoza.*

295 Es un error de concordancia: el posesivo tiene que estar en primera persona del plural para concertar con el antecedente: *Manolo y yo,* **a nuestra vez** (mejor, *por nuestra parte*), *no estábamos dispuestos a ceder.*

296 La expresión *los suyos* es usada para referirse a las personas del entorno de alguien, fundamentalmente a su familia.

297 *Lo suyo* es una fórmula en la que el posesivo neutro con artículo adquiere un valor equivalente a 'lo que merecía'.

298 El posesivo *mi* forma parte, en este caso, de una fórmula expresiva. Podría haberse utilizado en su lugar el artículo, pero con el posesivo se acentúa la idea de placer o satisfacción.

299 Lo recomendable es *La madre de Amanda,* porque, en el otro caso, *su* no hace más que repetir la idea de posesión que ya aporta el complemento preposicional *de Amanda.*

Los numerales son palabras que significan números

300 Las dos clases fundamentales son los **cardinales** y los **ordinales**, pero a estos se pueden añadir los **partitivos** y los **multiplicativos**.

301 Los cardinales indican una cantidad determinada: *cuatro, diez, veinte, doscientos.*

302 La serie de los cardinales es indefinida, nunca se puede llegar al final de la numeración.

303 Los símbolos numéricos surgieron, sin duda, por una razón práctica y operativa. ¿Podemos imaginar cualquier operación matemática escrita en el lenguaje normal: *tres por trescientos es igual a novecientos...*? Otra ventaja importante es la universalidad: gentes de distintos países y con diferentes idiomas pueden entender los mensajes escritos en números.

304 Son cardinales simples *uno, dos, tres...* hasta *quince*, como también lo son *veinte, treinta, cuarenta... cien, mil*. Utilizando los simples como elementos compositivos se forman los compuestos: *dieciséis, veintitrés, treinta y ocho, doscientos, mil quinientos veinte...*

305 A partir de *treinta y uno*, excepto los múltiplos de *cien: doscientos, trescientos...*

306 *Veinticinco, ochenta y cuatro, trescientos sesenta y dos.*

307 *Dos mil trescientos noventa y nueve.*

308 *Veintitrés mil ochocientos cuarenta y dos.*

309 *Uno*, como cardinal, representa la unidad, por lo que su plural lógico serían todos los demás números. *Unos* es indefinido, no numeral. Solo puede formarse un plural de *uno* como numeral cuando está sustantivado: *En esta suma hay varios* **unos**.

310 La respuesta se deduce de la anterior: estos números llevan la idea de pluralidad en su propio significado. Gramaticalmente, sucede lo mismo que con *uno*: la sustantivación nos permite formar un plural: *Varios doses, treses, cuatros...*

311 Solamente tienen femenino *uno* y sus compuestos: *una, veintiuna, treinta y una...*, así como los múltiplos de *cien: doscientas, quinientas, setecientas...*

312 Lo correcto es *Faltan veintiún* **días**, porque es plural.

313 Tenemos que elegir **veintiuna** *hectáreas*, porque *hectáreas* es femenino y el determinante debe concordar con el nombre.

314 En este caso, lo adecuado es *treinta y un mil monedas*. La concordancia se pierde por ir seguido de otro numeral, *mil*, en una estructura compositiva.

315 Solo es válida *novecientos*.

316 De las dos expresiones, la única correcta es el *quince por ciento*.

317 Debemos decir el *cien por cien*. Es el único caso en que se emplea *cien*, y no *ciento*, en la expresión de los porcentajes.

318 *Decena, docena, veintena* y *treintena*, respectivamente.

319 *Centena* y *millar*.

Respuestas

320   Solo se expresan mediante un sustantivo *millón, billón, trillón* …y el relativamente nuevo *millardo* ('millar de millones'). Fijémonos en que habitualmente van precedidos de un determinante: *algunos millones, varios trillones, un cuatrillón, dos millardos.*

321   En el primer caso, *Hemos conseguido* **tres** *entradas,* modifica a un nombre, funciona como determinante; en el segundo, *necesitamos* **tres** *más,* lo sustituye, actúa como pronombre.

322   El primer miembro actúa como determinante, y el segundo como sustantivo; por eso hemos podido pluralizar el segundo.

323   Se apocopan *uno* y sus compuestos (solamente en masculino) y *ciento:* **un** *mes, cincuenta y* **un** *años,* **cien** *días.*

324   Pueden ir precedidos del artículo, de indefinidos, de demostrativos y de posesivos: *las cuatro hermanas, unas quinientas personas, esos cinco muchachos, mis dos hijas.*

325   No, siempre deben ir delante. No es posible decir *Hemos tardado en llegar horas tres.*

326   El nombre de **ordinales** se debe a que sirven para "ordenar", es decir, indican el lugar que ocupa alguien o algo en una serie.

327   *Segundo, cuarto* y *noveno,* respectivamente.

328   A diferencia de los cardinales, todos los ordinales tienen femenino: *primera, octava, decimosexta, vigésima…*

329   También: *primeros, octavos, decimosextos, vigésimos…*

330   Las Bodas de Plata se celebran al cumplirse el *vigésimo quinto* aniversario (veinticinco años) de un acontecimiento, y las Bodas de Oro, el *quincuagésimo* aniversario (cincuenta años).

331   Las formas correctas son *undécimo* y *duodécimo.*

332   Ambas formas, *decimotercero* y *decimotercio,* son válidas.

333   También es estos casos valen las dos: *decimoquinta* o *decimaquinta, decimoctava* o *decimaoctava.*

334   Las formas usuales hoy son *primero, noveno, undécimo, decimocuarto* y *decimonoveno,* respectivamente.

335   Los comprendidos entre el 21º y el 29º: *vigesimoprimero* o *vigésimo primero, vigesimoquinto* o *vigésimo quinto, vigesimonoveno* o *vigésimo noveno.*

336   De manera obligatoria, a partir de *trigésimo primero* (excepto los múltplos de cien: *tricentésimo…,* y los de mil: *tresmilésimo…*).

337 He llegado en el puesto **cuadragésimo séptimo**.

338 Quinientos cuarenta y seis.

339 Cuatrocientos noventa y cuatro.

340 Primero, tercero y sus compuestos, solamente en masculino: *el **primer** año, el **trigésimo primer** día, el **tercer** candidato, el **decimotercer** escalón.*

341 A diferencia de los cardinales, sí pueden: *el año tercero, el lugar vigésimo quinto.*

342 En *El cuarto mes es abril*, actúa como determinante (para alguno gramáticos, adjetivo) o modificador directo del nombre, mientras que en *El mes de abril es el cuarto*, su función es la de atributo, esto es, modifica al nombre sujeto a través de un verbo copulativo.

343 Son numerales que indican las partes en que está dividida una unidad. Así, un *catorceavo* es el resultado de dividir algo en catorce partes.

344 *Medio, tercio, cuarto, quinto, sexto, séptimo, octavo, noveno, décimo.* Como vemos, la mayoría coinciden con los ordinales, pero no significa lo mismo *Voy a comerme **el cuarto** melocotón* que *Voy a comerme **un cuarto** de melocotón.*

345 Se les añade el sufijo -*avo*: *onceavo, deiciseisavo, veinticuatroavo.*

346 Está utilizando un partitivo en lugar de un ordinal. Lo correcto es el *duodécimo piso*.

347 En *un cuarto de kilo* es partitivo, el resultado de dividir un kilo en cuatro partes.

348 Cuando, precedidos de un determinante, actúan como sustantivos, la preposición que los sigue e introduce el modificador es *de*: *Veinte céntimos equivalen a un quinto **de** euro.*

349 Porque indican el resultado de multiplicar algo por una determinada cantidad. Así, se llama *doble* al resultado de multiplicar por dos.

350 *Triple, cuádruple* o *cuádruplo, quíntuple* o *quíntuplo, séxtuplo, séptuplo, óctuple* u *óctuplo*.

351 Sí: *doble protección, protección doble.*

352 La preposición *de*: *Necesitamos el triple **de** colaboradores.*

353 Se trata de la conjunción *que*, en construcción comparativa: *Tu sueldo es el doble **que** el mío.*

Respuestas

La indefinición es una manera de determinar

354 Porque su designación es imprecisa, sea en la cantidad, sea en la identificación. Si decimos *algunas personas,* no precisamos cuántas son. Al decir *alguien,* no se especifica quién es.

355 Tienen significado cuantitativo, por ejemplo, *algo, alguno, ambos, bastante, demasiado, más, menos, mucho, nada, nadie, ninguno, poco, tanto, todo, uno, varios.*

356 Pueden implicar indefinición no necesariamente cuantitativa, por ejemplo, *alguien, cierto, cualquiera, mismo, quienquiera, otro, tal.*

357 Son distributivos *cada* y *sendos.*

358 Tienen sentido negativo *nada, nadie, ninguno.*

359 Se pueden considerar en oposición antitética *todo* y *nada, alguien* y *nadie, alguno/uno* y *ninguno, más* y *menos, mucho* y *poco.*

360 Es cardinal en *Me han dado un día de permiso,* puesto que aquí *un día* refleja la cantidad, se opone a *dos días, tres días…* En cambio, en *Conocí a Margarita un día del mes de junio,* es indefinido, porque es un simple presentador del nombre; no hay cuantificación, se refiere a cierto día que no se especifica.

361 Sus plurales respectivos son *muchos, pocos, algunos* y *bastantes.*

362 *Alguien, algo, nadie* y *nada* no tienen plural.

363 *Cualesquiera* y *quienesquiera.*

364 *Ambos, varios* y *sendos* llevan implícita idea de pluralidad, carecen de singular.

365 Tienen femenino *alguno, ninguno* y *otro* (*alguna, ninguna* y *otra*), pero *cualquiera* y *quienquiera* son invariables en cuanto al género.

366 También son invariables, sirven para el masculino y el femenino: *alguien* y *nadie* pueden referirse a un hombre o a una mujer; podemos decir *bastante agua* o *bastante vino, cada hora* o *cada minuto.*

367 *Ninguno* puede ser determinante: *No tiene ninguna culpa,* o pronombre: *No ha quedado ninguna.*

368 *Alguien* es solo pronombre, no puede ir delante de un nombre: *Alguien cantó,* pero no **Alguien persona cantó.*

369 *Sendos* siempre es determinante, siempre va seguido de un nombre: *Ambas señoras llevaban sendos bolsos,* pero no podemos decir, sin más, *llevaban sendos.*

370 *Ambos* actúa como determinante: *Ambas hermanas se parecen,* y como pronombre: *Ambas se parecen.*

371 *Cualquiera* también puede ser determinante: *Cualquier niño lo sabe,* o pronombre: *Cualquiera lo sabe.*

372 *Nada* no puede funcionar como determinante: *No tengo nada*, pero no **Nada cosa.*

373 *Cada* es habitualmente determinante: *Cada mochuelo a su olivo*. Puede actuar como pronombre en algún uso coloquial: *Tocamos a cinco para cada.*

374 *Algo* actúa como pronombre, no como determinante: *Dame algo*, pero no **Dame algo dinero*. En estos casos origina una construcción partitiva: *Algo de dinero.*

375 *Quienquiera* es siempre pronombre: *Quienquiera que seas*, pero no **Quienquiera hombre que seas.*

376 Es determinante en *Don Julián tenía **mucho** dinero;* pronombre en ***Muchos** le decían que lo disfrutara;* adverbio en *seguía trabajando **mucho**.*

377 Pueden, entre otros, cumplir esta triple función *poco, bastante, demasiado* y *tanto.*

378 La forma apocopada *cualquier* se emplea cuando va delante de un nombre, sea masculino o femenino: *cualquier momento, cualquier hora.*

379 Pueden apocoparse también *alguno* (*algún*), *ninguno* (*ningún*), *tanto* (*tan*), *uno* (*un*).

380 Porque es una construcción comparativa en la que se ha duplicado el primer elemento. Podemos decir *No le quedaba **otra** solución que …*o *No le quedaba **más** solución que...*, pero no *… **otra** solución **más** que…*

381 Porque *un poco de* –construcción partitiva– es invariable: *El estofado necesita **un poco de** sal.*

382 También es incorrecta, en este caso porque falta la preposición: *He comprado un poco **de** queso para cenar.*

383 Es preferible decir ***Todos los días** me levanto a las seis y cuarto*. Usar *cada día* en casos como este es un catalanismo, una construcción calcada del catalán.

384 El indefinido *mucho*, en función adverbial, no necesita la preposición *en: El precio de la gasolina se ha incrementado **mucho** últimamente.*

385 La correcta es *Baltasara y Melchor tomaron de postre sendos helados*, puesto que *sendos* no significa 'dos', sino que es un distributivo equivalente a 'uno cada uno'.

386 Son correctas *¿Alguno de ustedes es de Teruel?* y *¿Alguno de entre ustedes es de Teruel? Alguien* no debe usarse en construcción partitiva.

387 Queda mejor *Filiberto estudia muchísimo;* **tanto** *es así que nunca ha tenido un suspenso*. Aunque la fórmula *tan es así* se utiliza mucho en la actualidad, sobre todo en Hispanoamérica, debe rechazarse, puesto que la forma apocopada *tan* se emplea únicamente como modificador de adjetivos o adverbios.

Respuestas

388	*Algún otro, cualquier otro* u *otro cualquiera, muchos otros* u *otros muchos, ningún otro, otros pocos, otros más, otros menos, otros tantos, otros varios.*
389	*Algo más* y *algo menos, alguien más, alguno más* y *alguno menos, bastantes más* y *bastantes menos, ninguno más* y *ninguno menos, mucho más* y *mucho menos, nada más* y *nada menos, otro más* y *otro menos, poco más* y *poco menos, tanto más* y *tanto menos, varios más* y *varios menos.*
390	*Lo uno, lo otro, lo poco, lo mucho, lo bastante, lo más, lo menos, lo demás.*
391	*Los/las unos/as, los/las otros/as, los/las pocos/as, los/las muchos/as, los/las bastantes, los/las demasiados/as, los/las más, los/las menos, los/las demás, los/las varios/as.* Algunos de ellos solo admiten la combinación cuando actúan como determinantes.
392	*Esas pocas ganas, ese mucho interés, aquellos otros lugares.*
393	La diferencia la aporta la presencia o la ausencia del artículo. En *Muchos que pasaban por allí no lo vieron,* estamos especificando, queremos decir que 'muchos no lo vieron, pero otros sí'. En *Los muchos que pasaban por allí no lo vieron,* lo que hacemos es globalizar: 'los que allí había eran muchos y ninguno de ellos lo vio'.
394	En *Lo conseguiremos de alguna manera* tiene valor afirmativo, mientras que en *No lo conseguiremos de manera alguna,* al ir pospuesto y con *no* encabezando la oración, su valor es negativo, equivalente a *de ninguna manera.*
395	Pueden posponerse *ninguno* (*No quiero favor ninguno*), *cualquiera* (*Un refresco cualquiera*), *más* (*Unos días más*), *demás* (*Hay tiempo demás*), *menos* (*Dos tallas menos*).
396	En *varias cosas, varias* es un determinante indefinido, equivale aproximadamente a 'algunas cosas'; en *cosas varias,* es un adjetivo que significa 'variadas'.

El verbo tiene que expresar demasiadas cosas a la vez

397	Los verbos son palabras que expresan procesos (acciones, estados, etc.). Dichos procesos afectan a seres, entidades, que son designados por medio de sustantivos.
398	El verbo actúa como núcleo del predicado, mientras que el sustantivo es el núcleo de un grupo de palabras cuya función primordial es la de sujeto de la oración.
399	Entendemos por conjugación el conjunto de formas que adopta un verbo según las diferentes combinaciones de sus morfemas.
400	En español hay tres conjugaciones: primera, segunda y tercera. El elemento que las caracteriza es la llamada *vocal temática,* que en la primera es *a: cant-**a**-r,* en la segunda *e: beb-**e**-r,* y en la tercera *i: viv-**i**-r.*

401 Son seis: tiempo, modo, aspecto, número, persona y voz.

402 Se trata del participio: *alabado/a, temido/a, conducido/a*.

403 Sujeto y verbo han de concordar en número y persona: *yo digo, tú dices, él dice; yo digo / nosotros decimos, tú dices / vosotros decís, él dice / ellos dicen*.

404 Las mismas que en el sustantivo: singular y plural.

405 Son las mismas que manifiestan los pronombres personales. En la primera el proceso se refiere al hablante, en la segunda al oyente, y en la tercera a todo lo demás.

406 Hay tres formas verbales que no tienen variación de persona: el infinitivo, el gerundio y el participio; de ahí la denominación de *formas no personales*.

407 Viene indicado por la propia desinencia: el de *hablé* no puede ser más que *yo*, y el de *hablaste, tú*.

408 La tercera persona no está marcada, no está identificada previamente, por lo que es necesario especificar el sujeto, sea explícita o implícitamente.

409 La primera y la tercera persona del singular no tienen desinencia propia; la de la segunda es *-s*. En plural son *-mos, -is, -n*, para cada una de las tres personas respectivamente.

410 El pretérito perfecto simple *(hablaste)* y el imperativo *(habla)* pierden la *-s* de la segunda persona del singular.

411 *Cantastes* y *pusistes* no son correctas por lo que acabamos de decir: la 2ª persona del singular del perfecto pierde la *-s*. El error se debe a que algunos hablantes tienden, inconscientemente, a reponerla.

412 *Tenía mucho frío* puede ser *yo tenía* o *él, ella… tenía*. Debido a la falta de desinencia de persona en la primera y tercera del singular, en varios tiempos resultan iguales. La manera de saber a quién se alude en cada caso es especificar el sujeto.

413 Solo se conjugan en 3ª persona del singular porque son verbos que se refieren a fenómenos que ocurren en la naturaleza. No soy *yo*, ni eres *tú* quien llueve o nieva, simplemente ocurre.

414 Los verbos referentes a fenómenos meteorológicos pueden tener variaciones de persona y número cuando se usan en sentido figurado: **Llovían** *chuzos de punta. Vi que* **relampagueabas** *de ira*.

415 El tiempo verbal es la posibilidad que tiene el hablante de situar una acción en cualquiera de las tres épocas: presente, pasado o pretérito y futuro: *estudio, estudié, estudiaré*.

416 Hay adverbios que también expresan tiempo, y pueden marcar las tres épocas: *ahora, antes, después; hoy, ayer, mañana*. Pero, a diferencia del verbo, indican una época determinada que sirve para puntualizar temporalmente el proceso verbal, no permite cada uno de ellos variaciones en cuanto a la perspectiva.

Respuestas

417	Las variaciones temporales de los verbos organizan el tiempo con respecto al presente del hablante. Lo que indican realmente es simultaneidad, anterioridad o posterioridad en relación con el momento en que alguien habla, pero ese momento no tiene por qué coincidir con la actualidad, con el presente real.
418	*Hablábamos:* pasado; *hablé:* pasado; *hablarás:* futuro; *hable:* presente; *hablara:* pasado; *hablo:* presente.
419	Al no haber en este caso desinencia específica de tiempo, existe confusión, ya que *pasamos* puede ser presente o pretérito. La manera de deshacer tal confusión es añadir un marcador temporal en forma de adverbio o de cualquier sintagma que indique esa circunstancia: *Lo pasamos muy bien juntos (siempre, ahora, ayer…).*
420	El presente es un tiempo no marcado, no tiene por qué coincidir estrictamente con el momento en que se habla; por eso puede abarcar otras épocas. En *Todos los días me levanto a las siete,* hace referencia a una acción que se repite periódicamente. Es lo que suele llamarse *presente habitual.*
421	En *El mar es muy grande,* el presente *es* posee un valor meramente descriptivo: el mar es grande siempre, no solo ahora.
422	En *Esta tarde nos vemos* adquiere valor de futuro. *Vemos* equivale aquí a *veremos.*
423	En *La Revolución Francesa se produce en el siglo XVIII,* podemos sustituir *se produce* por *se produjo;* es decir, el presente equivale a un pasado. Es el llamado *presente histórico* o *narrativo.*
424	Las distingue el **aspecto**, un morfema que indica el grado de desarrollo alcanzado por el proceso verbal.
425	*Duermo* es un tiempo imperfecto o imperfectivo porque presenta una acción en curso, mientras que *he dormido* es perfecto o perfectivo porque denota una acción terminada.
426	El presente, por su propia naturaleza temporal, es imperfectivo, pero en algunos usos, como el presente histórico, adquiere valor perfectivo.
427	Las que se construyen con el verbo *haber,* como auxiliar, y el participio del verbo que estamos conjugando: *ha sonado, habían salido.*
428	Las formas compuestas son todas perfectivas, indican acción terminada. Por eso hablamos de pretérito perfecto, pretérito pluscuamperfecto, futuro perfecto, etc.
429	Las tres formas compuestas indican anterioridad con respecto al tiempo indicado por las simples. Así, al decir *Apenas hubo salido Ildefonso, llegó Brígida,* estamos diciendo que la salida de Ildefonso es inmediatamente anterior a la llegada de Brígida.
430	Los tiempos compuestos, como son relativos, normalmente necesitan apoyarse en los simples, pero en algún caso, como *¿Habrá terminado ya la conferencia?,* la expresión de la duda se hace por medio del futuro perfecto.

431 Las dos indican una acción terminada en el pasado, pero mientras que la simple se refiere a algo lejano o que sentimos como tal, la compuesta se usa para indicar acciones más cercanas en el tiempo, con proyección sobre el presente. Solemos decir *La semana pasada dormí mal*, pero *Esta noche he dormido mal*.

432 El modo es el enfoque que da el hablante al proceso verbal: como algo real, como posibilidad, como exigencia, etc.

433 *Manuela me quiere* enuncia un hecho que yo entiendo como real, objetivo, mientras que *Quizá Manuela me quiera* manifiesta una duda. El primero es presente de indicativo y el segundo, de subjuntivo.

434 En la primera oración usamos el pretérito imperfecto de indicativo, *veíamos*, porque nos referimos a un hecho ocurrido realmente, mientras que en la segunda empleamos *viéramos* –pretérito imperfecto de subjuntivo– porque estamos expresando algo eventual, una mera posibilidad.

435 En construcciones como esta se utiliza el presente de subjuntivo, *llegue*, porque no aludimos a algo que va a ocurrir de manera segura y en un momento determinado, sino a la eventualidad de que se produzca la llegada en algún momento.

436 En *Tal vez llegue a tiempo*, expresa duda, posibilidad.

437 En *Ojalá llegue a tiempo*, deseo.

438 En *Es preciso que llegue a tiempo*, necesidad, exigencia.

439 Los presentes de *Si lo sé, no vengo* tienen valor de pasado hipotético, equivalente al del pluscuamperfecto de subjuntivo: *Si lo hubiera sabido, no hubiera venido*.

440 Aquí *deseaba* es lo que se llama un imperfecto "de cortesía", y, desde el punto de vista temporal, equivale a un presente.

441 En *¿Será posible?*, tenemos un futuro "de sorpresa", pero su valor temporal es de presente.

442 El valor modal del futuro es, en este caso, aproximativo, de probabilidad, y el temporal, de presente.

443 *Tendría* manifiesta en esta oración probabilidad en el pasado.

444 *Será* y *sería* reflejan, ambas, posibilidad, pero mientras la primera lo hace en el presente, la segunda apunta al pasado.

445 *Fueres* y *vieres* corresponden al futuro imperfecto de subjuntivo. En la actualidad se usa muy poco, ha sido desplazado por el presente y el pretérito imperfecto de subjuntivo, pero sigue siendo plenamente válido.

446 El imperativo es un modo de fuerte contenido apelativo, que utiliza el hablante para dar órdenes.

Respuestas

447	El imperativo no se emplea en forma negativa. No decimos *No cállate,* sino *No te calles,* mediante el presente de subjuntivo.
448	El español tiene formas muy variadas para expresar el mandato. Con el presente de indicativo: *Tú te callas;* mediante el infinitivo: *A callar;* a través del gerundio: *Callando todo el mundo;* por medio de un sustantivo: *¡Silencio!...*
449	Decimos lo mismo, pero cambiando la voz verbal: *preparó* es activa y *fue preparada* es pasiva.
450	Al cambiar la voz del verbo, se altera toda la estructura oracional. El agente, *Manuel,* que en activa es sujeto, en pasiva funciona como complemento, mientras que el paciente, *la comida,* que en activa es complemento directo, en pasiva pasa a ser sujeto.
451	La voz afecta a la relación entre el sujeto y el proceso verbal: si lo ejecuta, es activa; si lo sufre, pasiva.
452	*El acuerdo fue firmado por los diputados.*
453	No se puede, porque el verbo *llegar* es intransitivo, y los verbos de esta clase no admiten la pasiva.
454	Con esta sí es posible: *Un barco es tenido por mi padre,* pero es solo una posibilidad teórica, puesto que el verbo *tener* no suele usarse en pasiva.
455	Es pasiva, equivale a *Próximamente será abierta al tráfico la nueva autovía.*
456	Se denomina **pasiva refleja,** y se construye con la forma pronominal *se* y el verbo en voz activa.
457	En el uso cotidiano de la lengua se emplea muchísimo más la pasiva refleja. Se oye y se lee habitualmente *Se habla inglés* y *Se vende esta casa,* no *Inglés es hablado* y *Esta casa es vendida.*
458	Nos referimos, por este orden, a la persona, al número, al tiempo, al aspecto, al modo y a la voz.
459	*Hablo* es, en cuanto al tiempo, presente, y en cuanto al aspecto, imperfecto; *habré hablado,* tiempo futuro y aspecto perfecto; *hablara,* tiempo pasado y aspecto imperfecto.
460	*Sigan,* número plural, tercera persona; *seguimos,* número plural, primera persona; *seguid,* número plural, segunda persona.
461	*Seamos,* modo subjuntivo, aspecto imperfecto; *seréis,* modo indicativo, aspecto imperfecto; *fuiste,* modo indicativo, aspecto perfecto.
462	*Habrán visto,* tiempo futuro, voz activa; *has sido visto,* tiempo pasado, voz pasiva; *son vistos,* tiempo presente, voz pasiva.

463 En esta respuesta, como en las tres siguientes, dado que hay varias posibilidades, elegimos solamente una en cada caso. *Volveré: volviera* (hemos pasado de futuro de indicativo a pretérito de subjuntivo); *volvamos: volvimos* (de presente de subjuntivo a pretérito de indicativo); *habían vuelto: hubieren vuelto* (de pretérito de indicativo a futuro de subjuntivo).

464 *Salgo: salí* (de presente imperfecto a pretérito perfecto); *habrás salido: salías* (de futuro perfecto a pretérito imperfecto); *salieran: hubieren salido* (de pretérito imperfecto a futuro perfecto).

465 *Seáis recibidos: recibid* (de pasiva y subjuntivo a activa e imperativo); *recibíamos: fuéramos recibidos* (de activa e indicativo a pasiva y subjuntivo); *he recibido: haya sido recibido* (de activa e indicativo a pasiva y subjuntivo).

466 *Cambiaré: cambiarán* (de primera del singular a tercera del plural); *serían cambiados: serías cambiado* (de tercera del plural a segunda del singular); *cambiáremos: cambiares* (de primera del plural a segunda del singular).

467 En la persona y en el modo (*tenías* es segunda persona e indicativo, mientras que *tuviera* es primera o tercera persona y subjuntivo).

468 En el número y en el tiempo (*tengo* es singular y presente, mientras que *tendremos* es plural y futuro).

469 En el modo y en el tiempo (*hablad* es imperativo y presente, mientras que *hablaréis* es indicativo y futuro).

470 En la voz y en el número (*ha sido comprado* es pasiva y singular, mientras que *han comprado* es activa y plural).

471 En el tiempo y en el aspecto (*esperabas* es pretérito imperfecto, mientras que *habrás esperado* es futuro perfecto).

472 *Hablo, hablé* y *hablaré* son regulares porque su raíz o lexema no experimenta ningún cambio respecto al infinitivo: **habl**-*ar*. *Puedo, pude* y *podré* son irregulares porque ese cambio sí existe: **pod**-*er*: *pued-, pud-, podr-*.

473 *Tengo*. La forma regular sería **teno*. Se le ha añadido la consonante velar /g/.

474 *Dije*. De ser regular, sería **decí*. Es lo que se llama un **pretérito fuerte**, con acentuación llana y varios cambios vocálicos y consonánticos.

475 *Durmiera*. Lo regular sería **dormiera*. La vocal *o* del lexema se ha cerrado en *u*.

476 *Tendríamos*. Debería ser **teneríamos*. Se ha perdido la vocal temática *e* y en su lugar ha aparecido el refuerzo consonántico *d*.

477 *Hecho*. La forma regular sería **hacido*. Es un participio fuerte que ya existía en latín: *factum*, de donde ha evolucionado.

Respuestas

478	*Produzcamos.* Hubiera sido **produzamos.* Se ha añadido el sonido velar /k/, escrito *c.*
479	*Sigo.* La variante regular sería **sego.* La vocal *e* del lexema se ha cerrado en *i.*
480	*Quepo.* Hubiera sido **cabo.* Han cambiado tanto la vocal *e>a,* como la consonante, que se ha ensordecido: *b>p.*
481	Ambas formas son válidas en los tres casos, si bien las más usadas son *amueblar, adiestrar* y *engrosar.*
482	Las tres son incorrectas, puesto que la primera persona del presente de esos tres verbos no existe. En *abolir* porque solo se usan las formas con la raíz acabada en *i* (*abolí, abolió…*); en *acaecer* y *atañer* porque son verbos que solo se conjugan en tercera persona.
483	Las formas adecuadas son *rumio, ansío, hastío, varío, me extasío* y *adecuo.*
484	No. Lo correcto es *Cuando estoy nervioso,* **balbuceo** *un poco.*
485	Las formas adecuadas son *concebiré, bendeciría* y *adhirió.*
486	Los tres son correctos, admite las tres posibilidades: *yazco, yazgo* y *yago.*
487	Habría que decir *restriego, pliego* y *mezo.*
488	*Prever* y *previendo,* puesto que se trata de un derivado de *ver.*
489	*Gimiera* y *concerniere.*
490	*Descollo* y *pudriera.*
491	*He freído un huevo* es correcto, aunque también lo sería *He frito un huevo.* El participio regular, *freído,* puede usarse en los tiempos compuestos, pero no como adjetivo: no es válido *Un huevo* **freído.**
492	Ambas posibilidades, *se ha impreso* y *se ha imprimido,* son correctas.
493	También valen las dos: *me he proveído* y *me he provisto.*
494	El participio de *absolver* es *absuelto.*
495	*Eximir* tiene dos participios; uno regular: *eximido,* y otro irregular: *exento.*
496	También tienen validez ambos, *sepultado* y *sepulto.*
497	El participio de *ver* es *visto.*
498	*Asolo* significa 'seco los campos y los frutos por la acción del sol', mientras que *asuelo* equivale a 'arraso, derribo'. *Atento* es 'cometo un atentado', y *atiento* significa 'tiento, voy con tiento'. *Aposto* equivale a 'pongo a alguien en un lugar', mientras que *apuesto* es 'hago una apuesta'.

499	Algunas personas dicen *Ayer hablemos mucho rato* para diferenciar el pasado del presente, puesto que *hablamos* puede ser ambas cosas.
500	Porque aplican la lógica del lenguaje y tienden a seguir una línea de regularidad. Si dicen *apreto, es porque el infinitivo es *apretar;* cuando dicen *juegamos, tienden a igualarlo con la primera persona del singular, que es *juego*.
501	Hay quien dice *haiga por analogía con las formas equivalentes de otros verbos, como *caiga* o *traiga*. En este caso se debe decir *haya*.
502	La mejoramos: *El asiento es muy estrecho, no **quepo** en él.* Es un error de consideración emplear *coger* con el sentido de 'caber'.
503	El imperativo de *ir* es *ve*: ***Ve** a avisarla.*
504	No, porque estamos utilizando el futuro de indicativo para indicar una eventualidad que se expresa a través del presente de subjuntivo: *Espero que esto **solucione** tu problema.*
505	Tampoco es correcta, en este caso porque hemos usado el presente de indicativo por el de subjuntivo: *No estoy segura de que **haya** aprobado.*
506	Ahora es al contrario, el presente de subjuntivo ocupa un lugar que corresponde al de indicativo: *Si no ha venido será porque **está** cansada.*
507	Lo correcto aquí no es el presente de subjuntivo, sino el infinitivo: *Chica, no sé qué **decirte**.*
508	En las subordinadas condicionales, emplean el potencial en vez del imperfecto de subjuntivo: *Si no **viniera**, iría a buscarla.*
509	Si hemos comenzado en tercera persona, hay que continuar en la misma: *Los que hayan terminado **pueden** salir.*
510	Vuelve a fallar la correlación de los tiempos verbales: si comenzamos utilizando el pretérito perfecto, no debemos pasar al presente histórico: *Manuel llegó de viaje a las ocho y enseguida **cogió** un taxi y se **dirigió** a su casa.*
511	Estamos usando el pretérito perfecto compuesto en lugar del presente: *Hace como dos meses que no **voy** a cortarme el pelo.*
512	En esta el presente de subjuntivo ha usurpado el puesto del pretérito imperfecto: *Me gustaría que **hubiera** trabajo para todos.*
513	El fallo está en la confusión entre los dos perfectos: se ha empleado el compuesto en lugar del simple: *Hace dos años **realicé** un viaje a Egipto.*
514	No está bien, porque lo adecuado es el imperativo: ***Poneos** todos en pie.*

Respuestas

515 El error consiste en utilizar el infinitivo como si fuera una forma conjugada. Lo adecuado sería *Por último,* **hemos de informarles** *(o les informamos) de que se ha producido un accidente en la carretera de Villalitros.*

516 De nuevo está el infinitivo en un lugar que corresponde al imperativo o al presente de subjuntivo: *Hasta mañana.* **Pasadlo** *bien* (o *Que lo paséis bien*).

517 Esta vez el infinitivo ha dejado fuera al presente de indicativo: *Hace por lo menos un año que* **no me fumo** *un cigarrillo.*

518 *No sabes cuánto me alegro* **de que nos hayamos visto** *después de tanto tiempo.*

519 Claro que la hay, basta cambiar el imperativo por el condicional: *Si fuera mío,* **ni lo dudaría**.

520 Un nuevo infinitivo fuera de lugar: *Seguiría comprándole regalos aunque me gastara todo mi dinero y ella* **no me hiciera** *caso.*

521 No está bien empleado porque denota posterioridad respecto del verbo principal: *A Robustiano le tocó la lotería* **y se hizo** *rico de la noche a la mañana.*

522 Estamos ante un gerundio con valor especificativo, que se usa en la publicidad por el ahorro de palabras que supone, pero constituye un error gramatical considerable: *Se necesita contable* **que tenga** *cuatro años de experiencia.*

523 En este caso no hay nada que corregir, puesto que el gerundio tiene valor explicativo y se adjunta al complemento directo.

524 Llama la atención la ambigüedad de la oración: no sabemos quién iba a comprar el periódico. Por eso, si era el hablante, debería haber dicho *Ayer, yendo a comprar el pan, me encontré a Felipe;* si se trataba de Felipe, *Ayer me encontré a Felipe, que iba a comprar el pan.*

525 Al ir unido a un complemento que no es directo, el gerundio debe ser sustituido por una subordinada de relativo: *Marianito fue castigado por su madre,* **que lo dejó** *una semana sin paga.*

526 Ese uso del gerundio con valor temporal no es adecuado: *A esa chica la conozco* **desde que éramos** *estudiantes en el instituto.*

527 Es la típica confusión entre *deber* y *deber de*. En esta ocasión, como indica probabilidad, aproximación, lo adecuado es *Por entonces* **debía de tener** *yo once años.*

528 Ahora es al contrario, puesto que implica obligación: *No* **debes hablar** *con desconocidos.*

529 Está muy de moda este uso de la perífrasis *venir de* + infinitivo, un claro galicismo. Es mucho más sencillo y correcto *El equipo* **ha ganado** *en las tres últimas jornadas.*

MIL **preguntas y respuestas de Lengua Española**

530 *Echar a faltar* es una expresión que está bien en catalán, pero no en castellano: *A cierta edad **se echan de menos** los amigos de antaño.*

531 Lo que tenemos aquí es un empleo vulgar de la preposición *de,* que debe suprimirse: *Ella **venga a hablar**, y yo sin hacerle caso.*

532 *Logró conseguir* es una redundancia absurda e innecesaria, por lo que el enunciado queda mucho mejor si la suprimimos: *Finalmente, el equipo **logró** (o consiguió) su objetivo de permanecer en primera.*

533 Ambas son válidas, pero es preferible *Acabo de desayunar.*

534 La construcción *antojarse de algo* no es correcta. Debería ser *Al niño **se le antojó** una bicicleta de carreras.*

535 La única correcta es *No **me acuerdo** de nada.*

536 No sirve *copiarse de,* hay que decir *Pablo **ha copiado** a Nemesio.*

537 Solamente es válida **Me apetece** *una ensalada.*

538 En este caso valen las dos: *Hemos topado con muchas dificultades* o *Nos hemos topado con muchas dificultades.*

539 La construcción no es *incautar algo,* sino *incautarse de algo: La policía **se ha incautado** de veinte kilogramos de cocaína.*

540 No está bien, porque el verbo en este caso también es pronominal: *Pitirri **se ha recuperado** perfectamente de su esguince de tobillo.*

541 Elegimos, por la misma razón que en el caso anterior, *Sus palabras **no se compaginan** con las de su jefe.*

Todos, pero hay quien se lleva muy mal con las preposiciones

542 Las preposiciones son nexos, elementos de enlace. Se utilizan para introducir modificadores o complementos de una palabra. En los ejemplos, *de cartón* modifica al sustantivo *caja,* y *por el campo* es un complemento circunstancial del verbo *camina.* Las preposiciones *de* y *por* son los elementos de relación respectivos.

543 La lista tradicional de preposiciones es algo que casi todo el mundo recuerda: *a, ante, bajo, cabe, con, contra, de, desde, en, entre, hacia, hasta, para, por, según, sin, so, sobre, tras.*

Respuestas

544 Puede ser un nombre o un sintagma nominal: *jornada **de** trabajo*, *Está **en la** calle*; un pronombre: *un regalo **para ti***; un infinitivo: *hora **de** dormir*; un adverbio: *Vengo **de** allí*; incluso una estructura oracional: *Es hora **de que** hablemos*.

545 Las preposiciones son palabras gramaticales, es decir, carecen de significado referencial, no aluden a ninguna realidad extralingüística. Adquieren su significado dentro del propio lenguaje, según el tipo de relación que establecen.

546 Son palabras invariables, carecen de género, de número y de cualquier otro accidente gramatical.

547 *Cabe* es un arcaísmo. Se conserva en la lista de preposiciones por simple tradición, pero hoy ya no se usa. Su significado era el de 'junto a'.

548 *So* se conserva únicamente en algunas frases hechas de sabor arcaizante y relacionadas con el lenguaje jurídico: *so pena de*, *so pretexto de*. Equivale a 'bajo'.

549 No. En el primer caso es una síncopa de *señor*, que en la lengua popular se convirtió en *seor*, y de ahí derivó el antiguo *so*. Por tanto, es un sustantivo: *¡So canalla!* equivale a *¡Señor canalla!* En el segundo caso es una interjección utilizada para mandar parar a las caballerías.

550 Sí, ya que introducen modificadores o complementos del mismo tipo. Incluso pueden ser equivalentes a algunas preposiciones: *Se situó debajo de un balcón / bajo un balcón; Lo puso encima de la mesa / sobre la mesa; Se escondió detrás de una columna / tras una columna*.

551 En este caso la función de *excepto* equivale a la de una preposición, puesto que tiene como término un sustantivo.

552 Es el mismo caso de *excepto*, palabra con la que comparten el sentido de exclusión: *Me gustan todos los deportes, menos el fútbol americano; Trabajo todos los días, salvo los domingos*.

553 Dirección, lugar a donde se va.

554 Tiempo, el momento que algo se produce, se ha producido o se producirá.

555 Modo, la manera en que algo está o se realiza.

556 Finalidad, para qué se hace algo.

557 El precio de un producto.

558 El medio o instrumento con que se lleva a cabo una tarea.

MIL preguntas y respuestas de Lengua Española

559	La distancia respecto a un lugar.
560	La adecuada es la primera: *El equipo necesita un delantero centro*. No debe llevar preposición porque, a pesar de ser un complemento directo de persona, el sustantivo está usado en un sentido genérico, no individualizado.
561	Es un caso opuesto al anterior. Ahora sí está identificado, por lo que debe llevar preposición: *El equipo necesita **a** su portero titular*.
562	Pueden valer ambas soluciones: *Temía la venganza del brujo* o *Temía a la venganza del brujo*. Aunque el complemento directo sea de cosa, puede entenderse como personificado.
563	En este caso, al no ser de persona ni existir personificación, no tiene por qué llevarla: *Hay que salvar las especies en peligro de extinción*.
564	Es un caso similar al anterior, no debe llevar preposición: *Amaba los deportes de riesgo*.
565	Lo correcto, al ser de persona y referirse a un grupo determinado, es *Hay que defender **a** los desvalidos*.
566	Ahora, por razones que ya conocemos, debe ir sin preposición: *Hay que defender la enseñanza pública*.
567	Aunque en algunos lugares de Hispanoamérica se utiliza preposición en casos como este, es preferible no usarla: *Este verano he visitado Roma y París*.
568	El verbo *amar*, referido a personas, significa 'profesar amor', y el complemento debe llevar preposición: *Amo **a** Rosa María*. Referido a cosas, significa que algo gusta al sujeto, y ese algo no debe ir precedido de *a*: *Amo las rosas rojas*.
569	Es un caso muy parecido. En *Quiero a mi novio* equivale a 'amo', y la preposición es necesaria. En *Quiero una falda nueva*, referido a un objeto, manifiesta el deseo del mismo, y la preposición *a* sobra.
570	Lo correcto es *Me gusta jugar **al** fútbol de vez en cuando*. Lo otro es un anglicismo.
571	No, falta la preposición: *Va **a** haber que empezar de nuevo*.
572	La expresión más correcta es *Voy por una taza de café*. No obstante, el uso con preposición se ha extendido tanto que ya se admite *ir a por algo*: *Voy a por una taza de café*.
573	La locución adverbial *a veces* está ocupando el lugar del sustantivo *veces*: *Hay **veces** que no sé ni lo que estoy haciendo*. Si queremos mantener la mencionada locución, es preciso suprimir el verbo regente: *A veces no sé ni lo que estoy haciendo*.
574	Se trata de una locución adverbial que no lleva *a*: *El mes que viene **lo más tardar***.

Respuestas

575	Es una construcción de participio concertado, también sin preposición: *Cogió desprevenidos a todos, **incluidos** los propios policías.*
576	Ahora sí es necesaria, puesto que el sustantivo *gracias* la exige: *Gracias **a** que ha tenido suerte, que si no…*
577	Es incorrecta, se ha adulterado una perífrasis de gerundio. Lo adecuado es *Después de cinco semanas, **continúa encabezando** la lista de éxitos.*
578	La presencia o ausencia de preposición varía el significado. *Me mandó a buscar el periódico* quiere decir 'me mandó que fuera al quiosco (o a otro lugar) y trajera el periódico', mientras que *Me mandó buscar el periódico* significa 'me mandó que buscara el periódico'.
579	Es más correcto *Acostumbro leer un rato todas las noches,* pues el verbo *acostumbrar* (no *acostumbrarse*), seguido de infinitivo, no exige la preposición *a,* pero, debido a la frecuencia de uso, se admite también *Acostumbro a leer un rato todas las noches.*
580	*Quedan todavía muchas cuestiones **que (por)** tratar.* Aunque está muy extendido el uso de *a* en este tipo de construcciones, debe ser evitado.
581	*El partido **que se va a disputar** el miércoles puede resultar entretenido.*
582	*Esa es una incógnita **por (que hay que)** despejar.*
583	Se pueden –y se deben– usar otras preposiciones: *televisor **en** color, avión **de** reacción* y *cocina **de** butano.*
584	Son galicismos culinarios que en español deberían llevar otra preposición: *champiñones **con** crema, riñones **con** Jerez* y *macarrones **con** romero.*
585	Ambas son válidas, aunque es más frecuente *Meterse monja.*
586	No, la adecuada es *con: Esto hay que resolverlo **con** la mayor brevedad.*
587	Aquí *a* sustituye indebidamente a *de: No he tenido tiempo ni **de** prepararme un bocadillo.*
588	Ahora lo adecuado es *Se metía mucho con la gente, **hasta el** punto de que ya nadie lo aguantaba.*
589	Queda mucho mejor *Ha venido todo el rato a 140 km **por** hora.*
590	Es más adecuado *Ganó la pelea **por** puntos.*
591	Parece que se ablandan más si los ponemos **en** *remojo.*
592	No está bien. Debe decirse *En comparación **con** otros, es listísimo.*

593	Lo tenía **delante de** sus ojos. Eso es lo que significa *ante*: 'delante de'.
594	El verbo *enfrentarse* rige las preposiciones *a* o *con*, pero no *ante*: *Mañana se enfrenta el Valdeconejos **al (con el)** Villacantos.*
595	Es preposición en el primer caso, *bajo la higuera*, ya que actúa como introductor de un grupo nominal. En el segundo es un adjetivo.
596	*Se escondió **debajo de** la cama.*
597	La base es lo que está debajo de todo lo demás y le sirve de apoyo; por tanto, debemos decir *Se llevará a cabo **sobre** la base de un plan establecido previamente.*
598	Indica el medio o instrumento.
599	En este caso hace referencia al modo en que se hace algo.
600	Aquí implica compañía.
601	Ahora, el contenido de un recipiente.
602	Tiene carácter ponderativo, resalta el valor de alguien o de algo.
603	Lo indicado en este caso es el empleo de *en*: *Esa es la manera **en** que actúa siempre.*
604	La preposición apropiada para la negación es *sin*: *Se aprobó la enmienda **sin** ningún voto en contra.*
605	En esta ocasión es *a* la más apropiada, ya que la exige el adjetivo *afín*: *Sus aficiones son afines **a** las de su marido.*
606	*Siempre estaré **en contra de** ciertas actuaciones políticas.*
607	Deberíamos decirle que utilizar la preposición *contra* en lugar del adverbio *cuanto* es un vulgarismo: ***Cuanto** más se lo digo, menos caso me hacen.*
608	No, la adecuada es *de*: *No hace más que quejarse **de** todo.*
609	Se debe decir *en contra de él*; *en contra suya* no es correcto.
610	Indica el contenido de un recipiente.
611	La materia de que trata, en este caso, un libro.
612	El material de que está hecho algo.
613	El significado no es el mismo. En *La camisa de Anselmo* indica propiedad o posesión, mientras que en *El pueblo de Anselmo* alude al lugar de procedencia.
614	La causa por la que se produce el hecho.

Respuestas

615 El modo o manera.

616 La naturaleza, la condición de una persona.

617 Es incorrecta, puesto que se está utilizando la preposición *de* delante de la conjunción *que* tras un verbo que no la necesita. Es el fenómeno conocido como **dequeísmo**. Lo correcto es *Le rogué que tuviera cuidado.*

618 Es un caso igual al anterior. Se debería haber dicho *Me gustaría que me hicieras caso por una vez.*

619 La primera es incorrecta, puesto que supone otra manifestación de dequeísmo, en este caso en una construcción consecutiva. La segunda es correcta.

620 Por la misma razón que en los casos anteriores, habría que decir *Estoy deseando que llegue el verano.*

621 En la primera oración tenemos una variante del fenómeno que venimos viendo: presencia indebida de la preposición *de*, pero ahora no ante *que*, sino ante un infinitivo. Lo correcto es *Se le ha metido en la cabeza irse al extranjero.*

622 No podemos darla por buena. La construcción adecuada para expresar ese "estar en lugar de otro" es *Yo **que tú** me quedaría en casa.*

623 Se trata de una variante de la anterior. Se debe decir *Si yo fuese Andrea, no saldría con él.*

624 Debe ser *Estoy seguro **de** que todo va a mejorar,* ya que en esta ocasión la preposición *de* es necesaria porque la exige el adjetivo *seguro*.

625 Aunque en el habla descuidada se dice habitualmente *La calle Velázquez,* es más correcto *La calle de Velázquez.*

626 Ambas son correctas, la primera porque el verbo *advertir,* cuando significa 'notar, observar', no exige preposición, y la segunda porque sí puede llevarla (aunque no es necesaria) cuando significa 'informar, avisar'.

627 El verbo *cuidar,* con el significado de 'procurar, poner atención en algo', rige un complemento con *de*. Por lo tanto, solo es correcta *Cuida **de** que no entre nadie en el jardín.*

628 El verbo *dudar* admite dos posibilidades: complemento con *de* (suplemento) o complemento sin preposición (complemento directo). Por lo tanto, ambas son correctas.

629 La locución *hace* o *hacía* tiempo rechaza la preposición cuando va seguida de *que*. Por ello, se debe decir *Hacía tiempo que no venías por aquí.*

630 Sobra la preposición. Lo adecuado es *Me ha costado mil y pico euros.*

631 Se tiene la impresión **de** algo: *Tengo la impresión **de** que no sabe por dónde anda.* Lo otro es un caso de **queísmo,** error consistente en suprimir la preposición ante *que* cuando es necesaria.

632 Ejemplo similar al anterior. Lo correcto es *No cabe duda **de** que tenías razón.*

633 Otro caso semejante. Hay que decir *¿No te das cuenta **de** que te equivocas?*

634 También aquí es necesaria la preposición: *Depende **de** para qué sea.*

635 Es preferible *Nos vemos **dentro de** veinte minutos.* Lo otro es un anglicismo.

636 La expresión correcta, por el mismo motivo que en el caso anterior, es *Ocurrió el jueves **por** la tarde.*

637 Es una de tantas construcciones modales con *en*, empleadas por algunos periodistas, que no tienen razón de ser. Hay maneras mucho más adecuadas de decirlo: *El equipo ha jugado a lo campeón, …en plan de campeón, … como un campeón.*

638 Falta la preposición *en* tras el verbo *fijarse*: *Fíjate **en** Manolo, qué cogorza se ha cogido.*

639 Queda mucho mejor **En cuanto** *amanezca, nos vamos.*

640 *En balde* significa 'inútilmente'; lo equivalente a 'gratis' es *de balde*. Por tanto, lo correcto es *Este abrigo me ha salido casi **de** balde.*

641 La preposición adecuada en esta construcción es *por*: ***Por** lo que se refiere al segundo apartado, no estoy de acuerdo.*

642 El valor más frecuente de *entre* es el de indicar situación en medio de personas, objetos, momentos, lugares, etc.

643 Reciprocidad, acción mutua.

644 En esta oración hace referencia a una característica común a los componentes de un grupo.

645 Indica comparación o relación.

646 Es necesario mejorarlo: **Cuanto** *más le rogaba, menos caso le hacía.*

647 Solo es correcta la segunda: **Mientras** *salimos o no, son las ocho.*

648 La repetición de *entre* ante cada uno de los miembros que enlaza es un error de consideración. Basta decir *Entre Nina y Lola van a volverme loco.*

649 En la primera, la dirección, el lugar al que se va; en la segunda, tiempo aproximado.

650 Queda mucho mejor *Su actitud **con** los compañeros deja mucho que desear.*

Respuestas

651	Indica inminencia, que algo está a punto de suceder.
652	Expresa el modo de manera enfática.
653	Sobra la preposición: *Una barra de pan me dura dos días.*
654	No se ha usado la preposición adecuada: *Raúl recupera la pelota y juega **con** Tristán.*
655	El lugar por donde se va, el sitio aproximado y el lugar por donde se coge algo o a alguien, respectivamente.
656	Tiempo aproximado y duración, respectivamente.
657	En *Fue detenido por ladrón* se expresa la causa; en *Fue detenido por los guardias,* el ejecutante de la acción.
658	En *Me lo enviarás por correo* se indica el medio; en *Me lo enviarás por narices,* el modo.
659	En *Estoy por ponerle una demanda,* intención; en *La demanda está por resolverse,* algo que aún está sin hacerse (equivale a *sin*).
660	Finalidad, equivale a *para que*.
661	Sustitución.
662	La forma correcta es *el sábado **por** la noche*.
663	Es correcto en la segunda: *Finalmente, se decidió por el vestido rojo;* en la primera, la preposición que exige el verbo *decidirse* es *a*: *Finalmente, se decidió **a** prestar su colaboración.*
664	No. El verbo *responsabilizarse* exige *de*: *No voy a responsabilizarme **de** ese desaguisado.*
665	De nuevo es *a* la preposición que pide el verbo: *Te has aficionado en exceso **a** las salidas nocturnas.*
666	*Obstinarse* rige la preposición *en*: *Se obstinó **en** hacerse fontanero y lo consiguió.*
667	En este caso son válidas las dos.
668	El significado habitual de *sobre* es 'encima de'.
669	Indica aproximación.
670	La materia o asunto de que se trata.
671	*Disparó **a** puerta y detuvo el portero.*

MIL **preguntas y respuestas de Lengua Española**

672	Ha habido una dura entrada del defensa **al** delantero.
673	Al final, el Orense se impuso **al** Pontevedra por dos a uno.
674	Se va a lanzar la falta **contra** el marco de Vicente.
675	El balón iba bien dirigido **entre** los tres palos.
676	El extremo envió un extraordinario centro **al** área.
677	La pelota se estrelló **contra** el cuerpo del defensa.
678	La preposición adecuada es *en*: No voy a incidir **en** el mismo tema.
679	Uno tras otro equivale a *Uno detrás de otro*; *Tras malo, tonto* es igual a *Además de malo, tonto*.
680	La correcta es la primera: **Tras** *el otoño viene el invierno.*
681	Trataba de leer el periódico **bajo** la luz de una farola.
682	Se dirigió a nosotros **con** tono amable.
683	Todos se pusieron **de** pie.
684	**Al** fin pudo llegar a su casa.
685	Tenemos que hablar **sobre** ese tema.
686	Estaré ahí **hacia** las cinco.
687	Límpialo bien **por** ese lado.
688	¿**De** qué te han servido tus embustes?
689	Aún están las camas **sin** hacer.
690	Acabo de encontrarme **a** Gerardo.
691	Llevaba puesto un pijama **de** rayas.
692	Acabo de pintar la barandilla **con** minio.
693	¿**Por** qué motivo has faltado a clase?
694	El ruido de la explosión llegó **hasta el** centro de la ciudad.
695	Echa las lentejas **en** la cazuela.
696	La comida está **sobre** la mesa.

Respuestas

697 He hecho lo que he podido **para** ayudarte.
698 Respecto **de** ese asunto, no sé nada.
699 Lo hizo **ante** la vista de todos.
700 Se afanaba **en** acabar a tiempo el trabajo encomendado.
701 Me alegré mucho **con** su mejoría.
702 Alimentaba a sus gallinas **de** maíz.
703 Asó las chuletas **en** la parrilla.
704 Hay quien se atreve **con** todo.
705 Algunas enfermedades se contagian **con** la saliva.
706 El animal disputaba **con** otros machos su territorio.
707 Llevaba un rato aguardando **a** su novia.
708 El Fuenlabrada aventaja al Mataró **en** ocho puntos.
709 Estaba calentándose **a** la lumbre.
710 El Gobierno se ha comprometido **a** abaratar la vivienda.
711 Estaba muy concentrado **en** la lectura de un libro.
712 Confiaba **en** sacar adelante la empresa.
713 Por fin consintió **en** cortarse el pelo.
714 Se contrapusieron los gastos **a** los ingresos.
715 Todavía convalece **de** su última enfermedad.
716 En el reparto correspondieron veinte acciones **a** cada socio.
717 Cotejó la copia **con** el original.
718 Su creatividad degeneró **en** pura rutina.
719 Derramó casi toda la leche **por** el suelo.
720 Ni siquiera entonces se dignó hablarme.
721 Había decidido dimitir **de** todos sus cargos.
722 Lo siento, pero discrepo **de** tu opinión.

MIL **preguntas y respuestas de Lengua Española**

723	La gaviota tenía las alas embadurnadas **de/con** alquitrán (valen las dos).
724	El Crevillente empató **con** el Alcoy.
725	Especulaba **con** la posibilidad de cambiar de profesión.
726	Había sido excluido **de** la lista de candidatos.
727	Estaba henchido **de** orgullo.
728	Había sido imbuido **de** ideas disparatadas.
729	Siempre conseguía imponer su punto de vista **a** los otros consejeros.
730	Quería inculcar **en** su hijo su forma de pensar.
731	Su situación económica se infiere **de** su tren de vida.
732	Acaba de ingresar **en** la Cofradía de los Cantamañanas.
733	Perseveró **en** su propósito de llegar hasta el final.
734	Manuel ha sido promovido **a** jefe de los conserjes.
735	Seguía pugnando **por** defender sus derechos.
736	El diseño rayaba **en** la perfección.
737	Recelaba **de** algunos de sus colegas.
738	La ministra ha rehusado **hacer** declaraciones.
739	El maquinista ha sido relevado **de** sus obligaciones.
740	No sabía dónde resguardarse **de** la ventisca.
741	El subsecretario fue repuesto **en** su cargo.
742	Hay políticos que no se responsabilizan **de** sus actuaciones.
743	La Unión Deportiva ha conseguido sacudirse **el dominio** del Deportivo.
744	Simultanea los estudios **con** el trabajo.
745	Don César Mangante se sinceró al fin **con** su esposa.
746	Cada página está solapada **con** la siguiente.
747	Se subrogó **en** la hipoteca del piso que compró.
748	En esa película sale una mujer que se transfigura **en** pantera.

Respuestas

749 Estaba muy ufano **de** su nuevo coche.

750 Ungió sus dedos **con** aceite.

751 No tiene ningún control **de** la velocidad.

752 Lo que se produce en algunos programas televisivos es la exaltación **del** mal gusto.

753 No tengo inconveniente **en** aceptar sus sugerencias.

754 El jinete va a hacer un último intento **de** pasar el obstáculo.

755 Tenía gran interés **en/por** conocer a María Casilda (valen estas dos).

756 No hizo ninguna mención **de** lo sucedido.

757 Tenemos una gran oferta **de** calcetines.

758 Se dio mucha prisa **en** acudir a la cita.

759 Casi todos mostraron su rechazo **a** las nuevas normas.

760 Ese trabajo no es adecuado **a** tu preparación.

761 Se ha convertido en una adicta **a** los programas basura.

762 Es una mujer muy avara **de** sus asuntos personales.

763 Su parcela es contigua **a** la nuestra.

764 Siempre quiso ser diferente **a/de** sus compañeras (valen estas dos).

765 Esos precios son inaccesibles **a** la mayoría.

766 Es una persona merecedora **de** mayor consideración.

767 Son unos días propicios **a/para** un buen descanso (valen estas dos).

768 El proyecto es susceptible **de** ser mejorado.

La simplicidad oracional es de forma, no de fondo

769 Es transitiva la segunda: *Dionisio sacó el perro a la calle.*

770 El verbo intransitivo, como *permanecer*, es completo, autosuficiente en su significado. En cambio, el transitivo, como *sacar* en el ejemplo precedente, necesita un complemento (directo) que lo complete y precise su sentido.

771	El verbo *cantar* es, en principio, intransitivo, y como tal se comporta en *Juanita Venturera canta muy bien*. Sin embargo, como muchos otros de esta clase, puede comportarse como transitivo, y eso es lo que sucede en *Juanita Venturera canta boleros*, donde *boleros* actúa como complemento directo.
772	No. *Salir* es siempre intransitivo, no puede llevar nunca complemento directo.
773	El verbo *querer* es, por naturaleza, transitivo. Sin embargo, hay ocasiones en las que puede funcionar de acuerdo con los llamados **usos absolutos**, es decir, no lleva complemento directo expreso, aunque pueda intuirse su existencia tácita. Es, por ejemplo, el conocido *Sí, quiero*, de las bodas.
774	El error común a todas ellas consiste en que se trata de verbos intransitivos que han sido usados como transitivos de manera indebida. Para escribirlas correctamente, debemos cambiar el complemento directo por un complemento de régimen preposicional o, en algún caso, sustituir el verbo por otro más adecuado o por una forma perifrástica.
775	¿Puedes decirme por qué **huyes de mí** a todas horas?
776	Es un jugador que persigue siempre la pelota y **lucha por ella** hasta el final.
777	Dicen que van a **destituir** al vicedirector.
778	Por favor, **metan** esa caja y déjenla ahí.
779	Por mucho que lo intenten, no conseguirán **hacernos callar**.
780	Las subidas de los impuestos siempre **se hacen repercutir** sobre los precios de los productos básicos.
781	Los terroristas **hicieron estallar** el artefacto ante la puerta del Ministerio.
782	En los próximos telediarios **les informaremos de las novedades** que se vayan produciendo.
783	Es un tipo que no me acaba de **caer simpático**.
784	La policía **se incautó de** 40 kg de cocaína.
785	La ciudadanía **insta** al Ayuntamiento para que ponga en marcha el plan de seguridad.
786	No tengo paraguas, me lo he **dejado** (o se me ha quedado) en la oficina.
787	La cañería rota **despedía** un olor apestoso (o De la cañería rota emanaba un olor apestoso).
788	Ese chico **toca** (o hace sonar) la guitarra acústica como nadie.
789	¿Dónde están los yogures? ¿Ya los habéis **hecho desaparecer** todos?

Respuestas

790 — Tengo que **hacer que dure** el sueldo todo el mes, y no es fácil.

791 — ¡Qué camiseta tan mona! Me **quedo con ella**.

792 — Nada más llegar, nos **obsequiaron con** unas bebidas y unos canapés.

793 — No **derrames** (o dejes caer) el aceite, que vas a manchar el suelo.

794 — **Confío en que** alguna vez tengamos suerte.

795 — **Fíjate en** lo que ha crecido Fernandito.

796 — El verbo *contactar* no es transitivo, rige un complemento precedido de con: *Por fin he conseguido **contactar con** un testigo.*

797 — No es el balón el que rechaza la pierna, sino al revés. Por eso, o sustituimos el verbo o cambiamos la estructura de la oración: *El balón, tras el lanzamiento de la falta, **dio** en la pierna de un defensa* (o *La pierna de un defensa rechazó el balón*).

798 — El verbo *atravesar* es transitivo, no necesita la preposición por: *La economía mundial **atraviesa un mal momento**.*

799 — El complemento del verbo *rehusar* no lleva preposición: *Como siempre, el Presidente **rehusó hacer** declaraciones a la prensa.*

800 — Aunque hoy se hace constantemente, el verbo *alucinar* es transitivo; no "alucino" yo solo, me tiene que alucinar alguien: *Chica, **me alucinas**.*

801 — Se suspende a alguien, es un verbo transitivo: *Me quedo sin vacaciones, porque **me han suspendido en** "mates" y lengua.*

802 — *El equipo **ha efectuado un gran juego*** (o *ha jugado muy bien*) *en la primera parte.*

803 — *A ver si te **callas** de una vez.*

804 — *Nuestro atleta **llevó a cabo** ayer la mejor carrera de su vida.*

805 — Son incorrectas por tratarse de verbos que no llevan complemento directo de cosa (aunque sí de persona) y han sido utilizados en una voz pasiva inadecuada. Por lo tanto, el arreglo consiste en ponerlas en activa o en la pasiva pertinente.

806 — *Mi tía Jacinta nos obsequió con esta mantelería* (o *Fuimos obsequiados con esta mantelería por mi tía Jacinta*).

807 — *Las circunstancias nos han obligado a tomar esta medida cautelar* (o *Hemos sido obligados a tomar esta medida cautelar por las circunstancias*).

808 — No son adecuadas porque, aunque los verbos sean transitivos, su uso en pasiva causa extrañeza por no ser habitual. Por eso se emplea normalmente la voz activa.

809 — *Quiero el nuevo disco de los Abejorros.*

810	En aquella casa se nos hartó de agasajos.
811	Un rayo mató al animal.
812	Son formas perifrásticas en las que se atribuye al paciente la función de agente del verbo auxiliar. Por ello, lo mejor es ponerlas en activa o en pasiva refleja.
813	Un especialista va a intentar esclarecer el caso (o *se va a intentar esclarecer el caso por parte de un especialista*).
814	Los bomberos consiguieron apagar el fuego (o *se consiguió apagar el fuego por los bomberos*).
815	La curiosidad radica en que se trata de verbos causativos; es decir, el sujeto no lleva a cabo la acción por sí mismo, sino que provoca que alguien la realice. En realidad, lo que estamos diciendo en estas dos oraciones es *Un día de estos tengo que ir* **a que me corten** *el pelo. Este verano el Ayuntamiento* **ha hecho asfaltar** *setenta y cinco calles*.
816	Una oración copulativa es aquella en la que el verbo actúa como elemento de unión entre un sujeto y complemento (atributo) que lo modifica.
817	Es copulativo en la primera: *El concierto fue espléndido,* porque el adjetivo *espléndido* modifica al sujeto, *el concierto,* a través del verbo, *fue*. En la segunda, dicho verbo es intransitivo, ya que *en la plaza de toros* es un complemento circunstancial que incide en él.
818	La copulativa es ahora la segunda, puesto que a través de *están,* el atributo *florecidos* modifica al sujeto *los rosales*. En la primera volvemos a encontrarnos con un complemento circunstancial, *en el jardín,* que afecta a un verbo intransitivo.
819	*El defensa central es torpe* significa que lo es siempre, por naturaleza. *El defensa central está torpe* quiere decir que lo está hoy, circunstancialmente, no que lo sea siempre. La diferencia entre *ser* y *estar* radica en la denotación de lo esencial o permanente por parte del primero, y de lo momentáneo o accidental por parte del segundo.
820	No se puede decir, porque, dado que el mar es grande por naturaleza, debemos emplear *ser: El mar* **es** *grande*.
821	Por la misma razón que en el caso anterior: si alguien es médico, lo es siempre, porque tiene esa titulación: *Mi tío* **es** *médico*.
822	*Ha sido ingresado en el hospital* implica la ejecución de un hecho; *Ha estado ingresado en el hospital* alude a un proceso, una permanencia –en este caso– que ya ha finalizado.
823	Estamos ante una fórmula definitoria que, en esta ocasión, aparte de poco congruente, es innecesaria. Es mucho más sencillo decir *Este cuadro* **es** *una obra maestra*.

824 Porque *la causa* y *se debe a* dicen lo mismo, lo cual origina una redundancia agramatical. Es más fácil y correcto emplear una oración copulativa con *ser: La causa de la lluvia **son** los vientos húmedos.*

825 Muy poco elegante resulta en este caso el *hay* impersonal. Echemos mano de un más adecuado *estar: Para predecir el tiempo **están** los meteorólogos.*

Hay coordinadores y coordinados

826 La coordinación es una relación sintáctica consistente en la concatenación de elementos lingüísticos –palabras, sintagmas u oraciones– que cumplen la misma función. Por eso se designa también mediante el término de origen griego *parataxis*: 'relación de igualdad'.

827 Al ir la conjunción *y* delante de una palabra que comienza por el mismo sonido, debe ser sustituida por *e: Julio **e** Irene son novios.*

828 Al frente de una interrogación, con acentuación tónica y valor adverbial, *y* no se transforma en *e*. Por lo tanto, debemos mantenerla como está: *¿Y Iñigo?*

829 Es correcto. Cuando la *i* inicial forma parte de un diptongo, como en el caso de *hielo,* tampoco es sustituida por *e*.

830 No podemos darlo por bueno, puesto que *ni* sustituye indebidamente a *y* en una oración con forma afirmativa: *Ya está bien de tanto murmurar **y** de tanto quejarse.*

831 Hay que sustituir en varias ocasiones la conjunción *y* por otras que reflejen el tipo de relación de manera más precisa y, al mismo tiempo, den variedad a la expresión: *Ella quería salir, **pero** yo no tenía ganas, **así que** al final se cabreó, se fue a la cama y no me dirigió la palabra en todo el día siguiente, **por lo que** tuve que irme solo a dar una vuelta.*

832 *Y* sustituye indebidamente a *como* en una construcción comparativa: *Tanto unos **como** otros hacen lo que pueden.*

833 En un numeral de este tipo sobra *y: Este año hemos obtenido unos beneficios de un millón trescientos mil euros.*

834 La conjunción disyuntiva *o*, cuando va seguida de una palabra que comienza por ese mismo sonido, se transforma en *u: Solo tiene diez **u** once años.*

835 Al ser una enumeración cerrada, la conjunción que precede al último miembro debe ser *y*, no *o: Es increíble que haya marcado un solo gol un equipo que ha jugado con una delantera formada por Figo, Raúl, Zidane **y** Ronaldo.*

836 Es correcta la primera: *No tengo hambre, **sino** sueño*, puesto que se trata de una conjunción adversativa.

837 La construcción es inapropiada. Se recupera la corrección diciendo *El viaje durará **de** siete **a** ocho días*, o bien *El viaje durará **entre** siete **y** ocho días*.

838 En este caso, las dos formas serían *Finalmente, se llegó a un acuerdo **entre** el presidente **y** los consejeros*, y *Finalmente se llegó a una acuerdo **del** presidente **con** los consejeros*.

839 No se deben coordinar palabras que tienen distinto régimen preposicional. Lo correcto es *Fue a Londres y volvió en el mismo día*.

840 No es correcto coordinar un relativo con un interrogativo. Digamos, por tanto, *No sé **los que** van a venir y **los que** no*, o bien *No sé **quiénes** van a venir y **quiénes** no*.

841 La preposición *sin* está de más en una construcción como esta, de carácter adversativo, ya que da a entender algo muy diferente. Lo adecuado es *Ha estado a punto de rodar por el suelo, **pero no** ha llegado a caerse*.

842 No hay ninguna diferencia. El *que* que aparece en la segunda versión es la conjunción completiva que introduce una subordinada sustantiva dependiente de un verbo implícito, *dice*. En la primera ese *que* no se expresa, pero subyace en el significado.

843 No es admisible. *O sea* es una forma lexicalizada, invariable: *Por ahí andan sueltas cinco fieras, **o sea**, mis sobrinos*.

Las subordinadas son imprescindibles para las subordinantes

844 Mientras que la coordinación supone una relación de igualdad, la subordinación implica dependencia: todo elemento subordinado a otro depende de él.

845 No hay razón alguna para suprimir la conjunción *que: No conviene **que** hagas demasiadas cosas a la vez*.

846 En este caso basta con el *qué* interrogativo como nexo, sobra la conjunción: *Le pregunte **qué** le habían comentado acerca de mí*.

847 Es una construcción popular en la que la reiteración de *que* resulta superflua. Basta con decir *¡Qué bueno está el helado!*

848 Es otra desvirtuación de la construcción sintáctica, derivada de la falta de recursos gramaticales. La forma adecuada es *Yo no soy una persona que hable mucho con los desconocidos*.

Respuestas

849	Ambas son válidas.
850	La repetición de *que* en la primera es innecesaria e incorrecta, puesto que se trata de la misma partícula que ha aparecido con anterioridad. Digamos, por tanto, *Me pidió que, si podía, le llevara una carta al correo.*
851	Tenemos una construcción de relativo que sustituye indebidamente a un infinitivo con preposición. Lo correcto es *Ese es capaz de no presentarse al examen.*
852	El enlace temporal es *en cuanto*, no *en cuanto que*. Por tanto, solo es correcta la segunda: *En cuanto me vista voy a buscarte.*
853	En la primera existe una subordinación consecutiva: poder derribar un toro es consecuencia de lo fuerte que es. La segunda es comparativa, se limita a establecer una relación –en este caso de igualdad– entre dos miembros.
854	La estructura es comparativa; por lo tanto, debe ser *tan … como*: *Es una pena tener que irnos, tan bien **como** lo estábamos pasando.*
855	La construcción correcta es la segunda: *No es una sentencia justa, **por cuanto** deja en libertad a los verdaderos culpables.* Es una locución con valor causal en la que el *que* añadido no tiene razón de ser.
856	Al adoptar el segundo término de la comparación la forma de subordinada de relativo con artículo, ambas son válidas.
857	Si el primer elemento de la comparación es *lo mismo*, el segundo debe ser *que*. Por lo tanto, solo es válida *Lo mismo ríe **que** llora.*
858	En oraciones de este tipo la correlación deber ser *igual … que*: *No pueden vivir igual los que tienen medios **que** los que no los tienen.*
859	Como el adjetivo *preferible* rige la preposición *a*, en casos como este conviene usarla para evitar la repetición de *que*: *Es preferible que te enseñen a hacer las cosas **a** que te las den hechas.*
860	Es preferible optar por la primera: *En mi vida he visto a nadie más despistado **que** tú.*
861	Ambas se consideran correctas.
862	Las dos son igualmente válidas, aunque la segunda es más coloquial.
863	Falta el primer elemento de la correlación: *Se quedó **tan** triste que parecía que iba a llorar.*
864	Se trata solamente de invertir la relación entre causa y consecuencia: *Ha estado toda la tarde en el museo, así que lo ha visto completo.*
865	*De que*, como enlace temporal, es hoy un popularismo que debe ser evitado. Lo correcto es ***Cuando (en cuanto)** se enteró de lo sucedido, intentó poner remedio a toda costa.*

MIL preguntas y respuestas de Lengua Española

866	Tampoco es conveniente emplear *solo* + infinitivo para expresar la inmediatez de una acción. Es mucho más adecuado **En cuanto empezó** la función, la gente comenzó a silbar.
867	El caso es similar al anterior. Digamos mejor **En cuanto termine** esta página, nos vamos a dar una vuelta.
868	Es una fórmula redundante de gerundio totalmente innecesaria. Es mucho más sencillo y correcto **En cuanto lleguemos**, encenderemos el fuego en la chimenea.
869	No es correcta porque estamos utilizando un nexo temporal con un verbo copulativo. La fórmula es tan simple como *Un altímetro* **es un instrumento** *que sirve para medir las alturas*.
870	La forma adecuada es la de la segunda oración: **Una vez que** te decidas, no podrás volverte atrás.
871	Sobra el *que* que precede a la segunda proposición: *Aunque se vaya y no vuelva nunca, yo siempre la recordaré*.
872	La locución consecutiva es, en este caso, *de modo que*, no *de modo es que*: Ya está todo dicho, **de modo que** vamos a dejarlo.
873	Es un caso de queísmo, se ha omitido la preposición *de*: *La escucharé a condición* **de** *que sea breve*.
874	Ahora, por el contrario, sobra la preposición. La locución no es *no obstante de* sino *no obstante*: *No llegó a tiempo,* **no obstante** *haberse dado prisa*.
875	*A la que* es un catalanismo que en castellano debe ser sustituido por *en cuanto*: **En cuanto** le entre el primer saque, seguro que gana el partido.
876	En *Podría ser mi primo,* **aunque** *no lo es,* tiene valor adversativo, es sustituible por *pero*; en *No lo reconocería* **aunque** *fuera mi primo,* su carácter es concesivo, equivale a *a pesar de que*.
877	En **Como** *no te des prisa, no te espero* es condicional, equivale a *si*; en **Como** *no te diste prisa, no tuve que esperarte*, tiene valor causal, equivale a *porque*.
878	En *Cuando lo hizo, por algo sería*, posee carácter condicional, es sustituible por *si*; en *Cuando lo hizo, todos estuvieron de acuerdo*, presenta su valor básico, el temporal.
879	En **Hablando** *se entiende la gente*, puede interpretarse como condicional *(si)* o como temporal *(cuando)*; en *Eso lo solucionamos tú y yo* **hablando** *tranquilamente*, da lugar a una subordinada de modo.
880	En *Don Julián,* **que** *le llaman por teléfono, que* no actúa como nexo propiamente dicho, sino como un elemento que refuerza el carácter informativo, de aviso, que posee la oración.

Respuestas

881   En *Suerte, **que** vaya todo bien,* sirve de apoyo a la manifestación de un deseo.

882   En *No decía más que tonterías: que si esto, que si lo otro, que si lo de más allá,* tenemos el llamado "*que* narrativo", muy utilizado en los relatos orales para dar viveza a la reproducción de las palabras de alguien.

883   En ***Pues** resulta que no sé dónde he dejado las llaves,* es un apoyo discursivo con el que, en la lengua oral, se comienzan muchas intervenciones.

884   En *–¿Seguro que no lo has visto? –**Pues** no señor, no lo he visto,* introduce una réplica contundente.

885   En *¡**Pero** bueno, esto no hay quien lo aguante!, pero* se sitúa al comienzo de la intervención de un hablante como signo de su reacción frente a algo.

886   En *Tú tienes mucha cara, **pero** mucha,* potencia una parte del discurso.

887   En *¿Qué dices? **Si** yo no he sido,* tenemos el llamado "*si* de protesta", que encabeza la reacción de alguien ante algo que se le ha dicho.

888   En *–¿De modo que se lo dijiste tú? –**Y** volvería a decírselo, y* encabeza una respuesta rotunda, que reafirma la postura de quien la emite.

889   En *¿**Conque** esas tenemos?, conque* da inicio a una interrogación que tiene más de insinuación irónica que de pregunta propiamente dicha.

Hay mucho que relacionar y que preguntar

890   Los pronombres relativos son *que, cual, quien, cuyo* y *cuanto*.

891   Puede tenerla merced a la anteposición del artículo: *el que, la que, lo que, los que, las que*.

892   No tiene femenino, pero sí plural: *quienes*.

893   Se forma mediante el artículo: *la cual*.

894   Las variantes de género se originan por medio del artículo: *el cual, la cual, lo cual*. Hay una forma invariable de plural: *cuales,* cuyo uso masculino o femenino viene indicado también por el artículo: *los cuales, las cuales*.

895   *Cuyo* tiene variantes desinenciales de género y de número: *cuyo, cuya, cuyos, cuyas*.

896   *Cuanto* también ha desarrollado todas las variantes: *cuanto, cuanta, cuantos, cuantas*.

897 Como hemos visto, el artículo proporciona a los relativos *que* y *cual* un valor neutro: *lo que* y *lo cual*.

898 Las subordinadas introducidas por los relativos son esencialmente adjetivas: *Las personas **que presenciaron la escena** se llevaron un buen susto*. No obstante, actúan como sustantivas en numerosas ocasiones: ***Quienes presenciaron la escena** se llevaron un buen susto*.

899 La primera, perteneciente a la clase de las **especificativas**, tiene carácter restrictivo: crecerán con más fuerza los árboles que han sido podados, que los que no lo han sido. La segunda, de tipo **explicativo**, dice algo acerca del antecedente, sin hacer distinción alguna: han sido podados todos los árboles, lo que hará que crezcan más.

900 Es relativo en *Me dijo unas palabras **que** apenas tenían sentido,* puesto que se trata de un pronombre que sustituye al sustantivo *personas* y actúa como sujeto de la subordinada. En *Me dijo **que** no la esperara* es solo un enlace, una conjunción completiva que introduce una subordinada sustantiva de complemento directo.

901 El pronombre relativo *que* actúa, en primer lugar, como nexo que une la subordinada *que vende lotería* a la principal, al tiempo que sustituye al sustantivo *hombre*. En segundo lugar, dado que es un pronombre, dentro de su proposición cumple una función propia del sintagma nominal, que en este caso es la de sujeto del predicado *vende lotería*.

902 El antecedente es el nombre o fragmento de discurso, aparecido con anterioridad, al que sustituye el relativo. En el ejemplo anterior es, como hemos dicho, el sustantivo *hombre*.

903 No. En las subordinadas de relativo que actúan como sustantivas, el antecedente no está expreso; por ejemplo, en *Quien contamina, paga,* el referente de *quien* no se especifica.

904 *Don Braulio vive en un pueblo que se llama Villacirios.*

905 *Doña Tecla tiene una amiga con la que juega a las cartas.*

906 Es incorrecta, sobra el pronombre *le,* que es innecesariamente redundante: *Llegó un individuo al que nadie conocía.*

907 Incorrecta, faltan la preposición *a* y el artículo ante el relativo: *Tengo una tía **a la que** nada le parece bien.*

908 Es correcta. Podría añadírsele el artículo a *que*: *…con los que…,* pero vale también como está.

909 Incorrecta, vuelven a faltar la preposición y el artículo: *El Retiro es el parque **al que** más me gusta ir.*

910 Incorrecta, la preposición debe ir delante del relativo y sobra el pronombre final: *Es un tipo **del que** se ríe todo el mundo.*

Respuestas

911 Incorrecta, por la misma razón que la anterior: *Fue condenado por unos delitos **de los que** había sido acusado.*

912 Incorrecta, ya que la preposición que debe preceder al relativo se ha antepuesto al antecedente: *Eso sucedió el día **en** que acabé el bachillerato.*

913 Es similar a la anterior, puesto que *con* debe ir delante del relativo, no delante del antecedente: *No me gusta el chico **con el que** sales.*

914 Ahora se ha repetido la preposición ante relativo y antecedente. Sobra la primera: *No recuerdo la calle en que viven.*

915 Se ha producido un anacoluto al romperse la secuencia lógica. Lo correcto sería: *La semana pasada estuve en un pueblo que **tiene** quince vecinos*, o *...en el que viven quince vecinos.*

916 Es una estructura consecutiva a la que le falta el primer elemento del enlace. *Que* en este caso no es un relativo, sino una conjunción: *Se pasó la noche roncando **de tal manera que** no me dejó dormir.*

917 No lo es. *Que*, en este caso, ocupa el lugar de *el cual*, que debe sustituir al pronombre personal *ellas*: *Hay algunas películas **cualquiera de las cuales** puede dormirte.* Otra solución: *Hay algunas películas que pueden dormirte, cualquiera de ellas.*

918 El "quesuismo" consiste en utilizar la secuencia *que su* (relativo + posesivo) en lugar de *cuyo*. Es muy frecuente en la lengua oral descuidada, en la que apenas se emplea el relativo *cuyo*.

919 *Voy a un dentista **cuya** consulta está en la calle de Perales.*

920 Es similar a la anterior: *Hay algunas personas **en cuya** casa no entra nadie.*

921 Aquí, en vez del posesivo, tenemos el artículo, pero se trata del mismo proceso: *Es un equipo **cuya** defensa es una calamidad.*

922 Faltan la preposición y el artículo ante el relativo, y sobra el pronombre *la*, que lo sigue: *Tengo una amiga **a la que** llevaría conmigo a todas partes.*

923 Ambas opciones son igualmente válidas. Al actuar el relativo como complemento indirecto precedido de *a*, puede añadirse o no el pronombre átono *le*.

924 Anteponiendo la preposición al relativo y suprimiendo *él*: *Tengo un hijo **con el que** no sé que hacer.*

925 No hay ninguna diferencia. Con la preposición *con* y algunas otras valen las dos soluciones, con artículo ante el relativo o sin él.

926 Con la preposición *sin* solo es válida la que lleva artículo: *Tengo una moto **sin la que** no soy capaz de desplazarme.*

MIL preguntas y respuestas de Lengua Española

927 Esta construcción, bastante usada en Hispanoamérica, es un galicismo. La forma correcta es *Por robar fue que **por lo que** lo detuvieron*. Más sencillo aún resulta prescindir de la perífrasis de relativo: *Lo detuvieron por robar*.

928 Falta la preposición inicial: ***Con lo que** no estoy de acuerdo es con lo de ir al cine*.

929 Es otra construcción empleada en Hispanoamérica, pero no es correcta porque *que* está ocupando un lugar que es propio del adverbio *cuando*: *Fue el martes pasado **cuando** se murió el canario*.

930 No debe emplearse *el cual* en lugar de *que* en las subordinadas adjetivas especificativas: *Viajábamos en un barco **que** se movía muy lentamente*.

931 Al ir el relativo precedido de preposición, ambas son válidas; da lo mismo usar *que* que *el cual*.

932 No es correcto porque *el cual* no debe preceder al nombre al que sustituye, aparecido ya con anterioridad: *Mi vecino tenía un perro, el cual no paraba de ladrar*.

933 Tampoco es correcto el empleo de *el (la, lo) cual* precedido de una conjunción. Lo adecuado es sustituirlo por un demostrativo: *Yo no estoy de acuerdo con él, pero **eso** no quiere decir no que no tenga razón*.

934 La locución *lo cual que* es un popularismo que conviene evitar. Es preferible utilizar alguna de las consecutivas: *de modo que, así que*, o no usar nada: *Estábamos todos muy animados; (de modo que) nadie quería irse a dormir*.

935 Ambas son válidas, pero resulta más natural, menos forzada, la segunda: *Tengo un compañero **cuyo** padre es ebanista*.

936 Falla la concordancia. Un relativo variable, como *cual*, debe concordar con su antecedente: *Sean **cuales** sean tus problemas, cuenta conmigo*.

937 El error radica en que el relativo *quien* solo debe utilizarse para referirse a personas: *Ha sido la lluvia **la que** ha impedido que se jugara bien al fútbol*.

938 Únicamente es correcta la primera: *Blas, **que** no había hecho nada, cargó con la culpa*. *Quien* solamente puede introducir una subordinada adjetiva con antecedente expreso cuando va precedido de preposición, hecho que aquí no se produce.

939 *Cuyo* se diferencia de los demás relativos en que actúa siempre como determinante, precediendo a un nombre.

940 No es correcto porque *cuyo* establece una relación de posesión entre lo designado por un nombre y su antecedente. Por eso no puede emplearse ante el propio antecedente repetido. Lo correcto es: *Necesitaba un billete, sin **el cual** no se podía entrar*.

941 En general, el interrogativo adecuado para referirse a personas es *quién*: *¿**Quién** es ese Ernesto que dices?*

Respuestas

942 En este caso el uso de *cuál* es correcto, porque implica elección entre varios.

943 Aunque ambas son válidas, ante un infinitivo es preferible usar el interrogativo *qué*.

944 El interrogativo *cuál* no debe emplearse como determinante, precediendo a un sustantivo; la forma adecuada es *qué: A ver, ¿**qué** gorro prefieres?*

945 Sobra el artículo delante de *por qué: A ver si me dices de una vez **por qué** estás aquí.*

946 Utilizar *qué* en lugar de *cuántos* es un coloquialismo, pero no es incorrecto.

947 No es adecuado el empleo de *qué* en lugar de *adónde*: *¿**Adónde** fuiste el domingo? ¿Al pueblo?*

948 Falta la preposición que debe preceder al interrogativo, dado su valor final: *¿**A qué** vienes? ¿A reírte de mí?*

...la lengua sería un caos

949 Son correctas porque debe emplearse el artículo masculino, *el*, delante de los nombres femeninos que comienzan por *a-* (*ha-*) tónica.

950 No, porque en plural no existe el choque fonético que se produce en singular. Hay que decir, por tanto, **las** *hachas*, **las** *águilas* y **las** *almas*.

951 En el caso de los demostrativos, lo adecuado es el empleo de las formas femeninas: **esta** *hacha*, **esa** *águila* y **aquella** *alma*; sin embargo, dada la difusión de las masculinas, se toleran, aunque es preferible evitarlas.

952 En plural, únicamente las variantes femeninas: **estas** *hachas*, **esas** *águilas*, **aquellas** *almas*.

953 Si entre el artículo y el nombre se intercala un adjetivo, artículo y adjetivo deben ir en femenino: **la afilada** *hacha*, **la negra** *águila*, **la purificada** *alma*.

954 No olvidemos que se trata de nombres femeninos; luego este es el género que corresponde a los adjetivos que los modifican: *el hacha* **afilada**, *el águila* **negra**, *el alma* **purificada**.

955 El artículo indeterminado también debe adoptar la forma masculina ante femeninos comenzados por *a-* acentuada: **un** *arma de fuego*, **un** *aula grande*.

956 Debemos decir **la otra** *área* y **la primera** *acta*.

957 Las siglas constituyen una excepción y el artículo que se usa, aunque empiecen por *a-* tónica, es el femenino: **la** *AFE*, **la** *ACB*. Únicamente hay vacilación entre *el APA* y *la APA*.

958	No es correcta, ya que el adjetivo debe concordar con el sustantivo al que modifica: *No me imaginaba lo **difíciles** que son estos problemas.*
959	Los nombres colectivos del tipo de *grupo, multitud, gente*, etc., admiten la concordancia con el verbo tanto en singular como en plural; por lo tanto, ambas oraciones son correctas.
960	También son válidas las dos, pues, aunque en la primera *cada uno* sea singular, puede concordar con *siéntense* por el sentido de pluralidad que encierra.
961	Solo es correcta *Ninguno de ellos acertó,* ya que el verbo debe concertar con *ninguno*, no con *ellos*, que es un modificador.
962	Al ir el verbo antepuesto, la concordancia puede hacerse en singular o en plural; por consiguiente, son válidas ambas soluciones.
963	Si el sujeto complejo va delante del verbo, únicamente se admite la concordancia en plural: *Un toro y una vaca se **han escapado**.*
964	La única correcta es la primera: *El Presidente, junto con el Primer Ministro, **abrió** la sesión,* dado que *junto con el Primer Ministro* es un complemento explicativo aislado por una pausa.
965	En este caso la coordinación origina un sujeto múltiple que exige concordancia del verbo en plural: *El Presidente y el Primer Ministro **abrieron** la sesión.*
966	Ambas son correctas, pues el verbo *ser*, en una construcción copulativa de este tipo, puede concordar con el sujeto o con el atributo.
967	No hay nada erróneo. Cuando el sujeto es un pronombre neutro y el atributo está en plural, el verbo copulativo concuerda con este último.
968	La incorrección consiste en poner el verbo en plural para buscar una concordancia inexistente, puesto que la oración es impersonal y no tiene sujeto. En este tipo de oraciones el verbo solo se emplea en tercera persona del singular: *Este verano **ha habido** muchas tormentas.*
969	No lo es, puesto que no se deben englobar con un solo determinante en plural varios nombres coordinados entre sí. La forma adecuada sería: *Es un instituto **cuyo** director y **cuyo** jefe de estudios son muy eficientes.*
970	No es correcta porque se trata de una construcción impersonal, en la que el verbo debe ir en tercera persona del singular. ***A varios delincuentes*** no puede ser sujeto, puesto que lleva preposición.
971	*Se ha detenido a varios delincuentes* y *Han sido detenidos varios delincuentes.*
972	Lo acertado ahora es ***Se han** tomado las medidas adecuadas,* dado que se trata de una oración pasiva refleja, en la que *las medidas adecuadas* es el sujeto; por tanto, para concertar con él, el verbo debe ir en plural.

Respuestas

973 Es un caso similar al anterior. Tenemos de nuevo una pasiva refleja, solo que ahora el verbo es una perífrasis, pero ello no impide que deba mantenerse la concordancia: **Se deben** *conocer los defectos propios.*

974 En este caso no tenemos una verdadera perífrasis, y *las injusticias* es complemento directo de *evitar*. Lo que tenemos, entonces, es una impersonal con *se* y, al no haber sujeto, no hay concordancia: **Se intentará** *evitar las injusticias.*

975 *Los pantanos* no es el sujeto de *parece*, sino de *están muy llenos*. Volvemos a encontrarnos con una estructura impersonal con el verbo en un singular invariable: *Los pantanos* **parece** *que están muy llenos.*

976 Se usa la primera persona del plural para referirse al interlocutor como forma de acercamiento, de mostrar interés por él.

977 Se trata del llamado "plural de autor", mediante el que se pretende hacer al lector u oyente partícipe del propio discurso.

978 Dado que el sujeto es *alguien*, sería más correcto ¿**Tiene** *alguien un folio?*

979 Se admiten ambas formas, pero, dado que el sujeto del verbo *romper* no es *tú*, sino *la que*, es preferible *Fuiste tú la que* **rompió** *el jarrón*. La otra es más coloquial.

980 Es un caso como el anterior. Es más adecuada *Yo soy de los que* **animan** *todo el tiempo al equipo*, pero también se acepta *Yo soy de los que animo todo el tiempo al equipo.*

981 Lo acertado es **Venía** *cada cual por un camino*, dado que el sujeto, *cada cual*, está en singular. Si cambiamos el orden, *Cada cual venía por un camino*, es más fácil comprobar el rechazo del verbo en plural.

982 Porque se trata de una forma impersonal, *había*, que no experimenta variación de número y, menos aún, de persona: *En el comedor* **había** *por lo menos veinte personas*. Si queremos mantener la primera persona, tendremos que cambiar el verbo: *En el comedor* **estábamos** *por lo menos veinte personas.*

983 En singular, puesto que, al llevar delante la preposición *con*, *dos sacos de cemento* no puede ser sujeto: *Con dos sacos de cemento* **será** *suficiente.*

984 Ahora, por el contrario, el verbo debe ir en plural, puesto que *los cincuenta euros...* es el sujeto: *Los cincuenta euros que me dais no me* **llegan** *para una semana.*

985 Habría que decirle que la gramática no está reñida con la medicina. Tenemos una construcción de participio concertado, en la que, lógicamente, el sustantivo y el propio participio deben coincidir en género y número: **Prohibidas** *las visitas durante las horas de consulta*. Una alternativa es **Prohibido** *hacer visitas durante las horas de consulta.*

986 *Ganas ...* es el sujeto, por lo que el verbo debe estar en plural: *Me* **dieron** *ganas de salir corriendo.*

987 En las estructuras impersonales con forma atributiva, como la presente, el atributo debe ir siempre en masculino, ya que no existe un sujeto con el que deba concordar: *Cuando se está **enfermo**, todo lo demás importa poco.*

988 Con dos infinitivos coordinados, la concordancia debe hacerse en singular: *Cantar y bailar **proporciona** alegría.*

989 Lo adecuado es *Le proporcionaremos los materiales que **hagan** falta,* puesto que el relativo *que* tiene como antecedente *los materiales,* por lo que tiene valor de plural.

990 No es correcta. La impersonalidad exige la presencia de *se*: *Antes o después habrá que **decidirse** por una postura.* Otra posibilidad es el cambio del verbo auxiliar: *Antes o después **tendremos que decidirnos** por una postura.*

991 Los nombres de ciudades, sobre todo cuando acaban en *-a*, admiten las dos opciones: *El tiroteo no fue en **la misma** Sevilla, sino en los alrededores* y *El tiroteo no fue en **el mismo** Sevilla, sino en los alrededores.*

992 No. Los ordinales que se apocopan solo lo hacen ante nombres masculinos. En este caso habría que decir *la **primera** semana de agosto.*

993 Aunque *habla* lleve delante el artículo *el*, dado que comienza por *ha-* tónica, es una palabra femenina, por lo que este es el género en que debe estar el relativo: *Ni siquiera pude reconocer el habla en **la que** se expresaban aquellas gentes.*

994 *Quienquiera* debe ponerse en plural, puesto que su antecedente es *dos personas*: *Necesito que me acompañen dos personas, **quienesquiera** que sean.*

995 Los adverbios son invariables, no concuerdan con la palabra a la que modifican: *Esa chica parece **medio** lela.*

996 Es un caso semejante al anterior: *muchas* debe convertirse en *mucho*: *En **mucho** peores situaciones me he visto.*

997 Dado que el antecedente está en singular, lo adecuado sería mantener el relativo en ese mismo número: *No hay peor sordo que **el que** no quiere oír,* pero, a causa del sentido genérico que posee, también se admite la versión en plural del ejemplo.

998 *Cuanto* es, en esta ocasión, un determinante que debe concordar con el nombre al que precede: ***Cuanta** más agua bebía, más le dolía el estómago.*

999 Porque el pronombre *lo*, en función de atributo, es invariable: *Ellos serán honrados, pero nosotros también **lo** somos.*

1000 Lo correcto es *Aquí todo el mundo **sabe** lo que pasa,* o bien, *Aquí **todos** sabemos lo que pasa.* Se trata de una discordancia –provocada por la implicación del hablante en los hechos– consistente en la atracción del verbo a la primera persona, cuando el sujeto, *todo el mundo,* está en tercera.

Respuestas